Frank Karsten a Karel Beckman

I0414114

Ilúzia
demokracie

Prečo demokracia nevedie k solidarite,
prosperite a slobode, ale ku konfliktom
v spoločnosti, nekontrolovateľnému
míňaniu a tyranskej vláde.

Ilúzia demokracie

Prečo demokracia nevedie k solidarite, prosperite a slobode, ale ku konfliktom v spoločnosti, nekontrolovateľnému míňaniu a tyranskej vláde.

Preklad: Martin Deák
Grafická úprava: Sára Jaklovská

Verzia: 1.0

O autoroch

Karel Beckman je spisovateľ, žurnalista, ako aj zakladateľ a šéfredaktor nezávislej internetovej publikácie Energy Post (www.energypost.eu). V minulosti pracoval ako novinár v holandských finančných novinách Financieele Dagblad. Jeho osobná webová stránka je *www.charlieville.nl.*

Frank Karsten je zakladateľom Mises Instituut Nederland a Stichting Meer Vrijheid (Nadácia pre viac slobody), dvoch holandských libertariánskych organizácií, ktorých cieľom je zvýšenie osobnej a ekonomickej slobody. Pravidelne verejne vystupuje proti rastúcemu zasahovaniu Štátu do životov občanov. *www.mises.nl.*

Obsah

Úvod
Demokracia – posledné tabu

„Ak sú nejaké choroby, ktorými dnes demokracia trpí, je možné ich vyliečiť len väčšou mierou demokracie."

Tento starý citát jedného amerického politika v kocke zachytáva, ako dnes zvyčajne vnímame demokratický politický systém. Ľudia sú ochotní pripustiť, že demokracia je v niektorých ohľadoch problematická – niekedy dokonca súhlasia, že mnoho západných parlamentných demokracií, vrátane tej v USA, je pravdepodobne na pokraji kolapsu – no nedokážu si predstaviť inú alternatívu. Jediným možným riešením, ktoré dokážu vziať do úvahy, je skutočne len viac demokracie.

Málokto by popieral, že parlamentný demokratický systém je v kríze. Občania demokratických krajín vo všetkých kútoch sveta sú nespokojní a hlboko rozpoltení. Politici sa sťažujú, že voliči sa správajú ako rozmaznané deti, občania sa sťažujú, že politici nenačúvajú ich želaniam. Voliči sa stali neslávne prelietavými. Bežne presúvajú svoju podporu od jednej politickej strany k inej. Taktiež ich čoraz viac priťahujú radikálne a populistické strany. Politické prostredie sa všade štiepi, čo sťažuje prekonávanie rozdielov a formovanie životaschopných vlád.

Existujúce politické strany pre tieto výzvy nenachádzajú odpovede. Nedokážu vyvinúť reálne alternatívy. Sú uväznené vo svojich skostnatených straníckych štruktúrach, ich ideálov sa zmocnili najrôznejšie záujmové skupiny a lobisti. Prakticky žiadna demokratická vláda nedokáže kontrolovať svoje výdavky. Väčšina demokratických krajín si dlhodobo požičiavala, míňala a svojim občanom vyrubovala dane v takej miere, že ich konanie vyústilo do finančnej krízy a priviedlo množstvo ekonomík na pokraj bankrotu. A v ojedinelých prípadoch, keď okolnosti donútia vlády výdavky aspoň dočasne znížiť, voliči povstanú na protest proti tomu, čo je podľa nich útok na ich oprávnené nároky. Akékoľvek reálne znižovanie rozpočtov je tým pádom takmer nemožné.

Napriek všeobecnému trendu zvyšovania výdavkov takmer všetky demokratické krajiny permanentne trpia vysokou mierou nezamestnanosti. Veľké skupiny ľudí sú vyradení z hry. V podstate ani jedna demokratická krajina nezaviedla adekvátne opatrenia pre svoju starnúcu populáciu.

Všetky demokratické spoločnosti sú zvyčajne sužované nadbytkom byrokracie a zápalom pre reguláciu. Chápadlá Štátu zasahujú do života každého jednotlivca. Existujú predpisy a nariadenia na všetko pod slnkom a ku každému problému sa namiesto hľadania reálneho riešenia pristupuje vytváraním nových smerníc a nariadení.

Demokratické vlády pritom nedostatočne vykonávajú úlohu, ktorú väčšina ľudí považuje za ich najdôležitejšiu – udržovanie práva a poriadku. Kriminalita a vandalizmus sa rozmáhajú. Polícia a súdy sú nespoľahlivé, nekompetentné a často úplne skorumpované. Kriminalizuje sa neškodné správanie. USA, ako percentuálny podiel z obyvateľstva, väzní najväčšie množstvo ľudí na svete. Mnohí z nich sú uväznení kvôli úplne neškodnému správaniu, jednoducho preto, lebo väčšina považuje ich návyky za nevhodné.

> Demokracia sa bez preháňania stala náboženstvom – moderným svetským náboženstvom.

Podľa najrôznejších štúdií dosahuje dôvera občanov v demokraticky zvolených politikov svoje rekordne najnižšie hodnoty. Stretávame sa s hlboko zakorenenou nedôverou voči vládam, politickým vodcom, elitám a medzinárodným organizáciám, ktoré vyvolávajú dojem, že sa stavajú nad zákon. Mnohí ľudia vnímajú budúcnosť pesimisticky. Majú strach, že ich deti budú na tom horšie ako oni sami. Boja sa invázie imigrantov, boja sa toho, že ich vlastná kultúra je ohrozená a pri myšlienke na dobré časy sa obzerajú späť.

Demokratická viera

Hoci sa všeobecne hovorí o kríze demokracie, prakticky niet kritiky voči demokratickému systému ako takému. Nikto za súčasné problémy, ktorým čelíme, neviní samotnú demokraciu. Politickí lídri bez rozdielu – či už vľavo, vpravo alebo v strede – sľubujú riešenie problémov prostredníctvom väčšej miery demokracie, nie naopak.

Sľubujú, že budú načúvať ľudu a postavia verejný záujem nad súkromný. Sľubujú, že znížia mieru byrokracie, budú konať transparentnejšie, zabezpečia lepšie služby – postarajú sa o to, aby systém znovu fungoval. Nikdy však nespochybňujú vhodnosť demokratického systému ako takého. Oveľa pravdepodobnejšie budú tvrdiť, že naše problémy sú spôsobené priveľkou slobodou a nie priveľkou demokraciou. Jediný rozdiel medzi ľavicou a pravicou je, že zatiaľ čo prví sa pravdepodobne budú sťažovať na príliš veľa ekonomických, druhí skôr na príliš veľa sociálnych slobôd. A toto sa deje v dobe poznačenej najvyššími daňami a najvyšším stupňom právnej regulácie, aké spoločnosť doposiaľ zažila!

Kritika demokratických myšlienok v západných spoločnostiach je vlastne viac-menej tabu. Môžete kritizovať fungovanie demokracie v praxi alebo zavrhovať súčasných politických lídrov či strany, no kritizovanie demokratického ideálu „sa nepraktizuje".

Demokracia sa bez preháňania stala náboženstvom – moderným svetským náboženstvom. Môžeme ju nazvať najrozšírenejšou vierou na zemi. Okrem jedenástich krajín – Mjanmarsko, Svazijsko, Vatikán, a niektorých arabských národov – sa všetky ostatné štáty prezentujú ako demokratické, i keď len v názve. Táto viera v Boha demokracie je úzko spätá s uctievaním národného demokratického štátu, ktorý vznikol v priebehu 19. storočia. Štát nahradil Boha a cirkev v roli Svätého Otca spoločnosti. Prostredníctvom rituálu demokratických volieb sa k Štátu modlíme za zamestnanie, prístrešie, zdravie, bezpečnosť, vzdelanie. V tento Demokratický Štát prechovávame nespochybniteľnú vieru. Veríme, že On sa postará o všetko. On nás odmeňuje a súdi, je vševediaci a všemohúci. Dokonca od neho očakávame, že vyrieši naše osobné a spoločenské problémy.

Krása Demokratického Boha spočíva v tom, že On svoje dobré skutky vykonáva úplne nezištne. Ako Boh, Štát nemá žiadny vlastný záujem. Je rýdzim ochrancom verejného záujmu, nič nestojí a zadarmo a bez obmedzení rozdáva chlieb, ryby a iné láskavosti.

Prinajmenšom takto ho ľudia vnímajú. Väčšina ľudí má sklon vidieť len výhody, ktoré vláda zabezpečuje, nie aj výdavky. Jedným z dôvodov je, že vláda vedie výber daní rôznymi okľukami a nepriamymi cestami – výberom dane z obratu od firiem (prípadne DPH), povinnými sociálnymi a zdravotnými odvodmi pre zamestnávateľov, požičiavaním si peňazí z finančných trhov (ktoré raz budú musieť byť splatené daňovými poplatníkmi), alebo zvyšovaním množstva peňazí v obehu – aby si ľudia neuvedomili, aká časť ich príjmov je v skutočnosti vládou skonfiškovaná. Ďalším dôvodom je, že výsledky vládnej činnosti sú viditeľné a rukolapné, ale všetko, čo by mohlo byť a bolo by uskutočnené, keby vláda nebola v prvom rade konfiškovala peniaze ľudí, zostáva neviditeľné. Vyrobené vojenské lietadlá môžu vidieť všetci, ale všetky ostatné veci, ktoré sa nevyrobia, pretože verejné peniaze boli použité na lietadlá, sú neviditeľné.

Viera v demokraciu sa zakorenila tak hlboko, že demokracia je pre väčšinu ľudí synonymom ku všetkému, čo je (politicky) správne a morálne. Demokracia znamená slobodu (každý môže voliť), rovnosť (každý hlas sa počíta rovnocenne), spravodlivosť (všetci sme si rovní), jednotu (všetci rozhodujeme spoločne) a mier (demokracie nikdy nezačínajú nespravodlivé vojny). Takýmto spôsobom uvažovania je jedinou alternatívou k demokracii diktatúra. A diktatúra, samozrejme, symbolizuje všetko zlé: nedostatok slobody, nespravodlivosť, vojnu, bezprávie.

Neokonzervatívny spisovateľ Francis Fukuyama vo svojej slávnej eseji *Koniec dejín?* z roku 1989 neváhal dokonca vyhlásiť, že moderný západný demokratický systém je vyvrcholením politického vývoja ľudstva. Alebo, ako tvrdí, dnes sme svedkami: „univerzalizácie západnej liberálnej demokracie ako *konečnej formy ľudskej vlády.*" Očividne len veľmi diabolská myseľ (teroristi, fundamentalisti, fašisti) by sa opovážila pozdvihnúť hlas proti takejto posvätnej myšlienke.

Demokracia = kolektivizmus

Presne tomu sa však v tejto knihe budeme venovať: vyslovíme sa proti demokratickému Bohu, predovšetkým proti národnej parlamentnej demokracii. Demokratický model rozhodovania je užitočný v určitých kontextoch – v malých komunitách alebo v rámci združení. Avšak parlamentná demokracia, systém takmer všetkých západných krajín, prináša oveľa viac nevýhod ako výhod. Budeme argumentovať, že parlamentná demokracia je nespravodlivá, vedie k byrokracii a stagnácii, podkopáva slobodu, nezávislosť a podnikanie a nevyhnutne vedie k neznášanlivosti, vonkajšiemu zasahovaniu, otupenosti a nadmernému míňaniu. Nie preto, že určití politici zlyhajú vo svojich funkciách – alebo preto, že vo vláde je nesprávna strana – ale kvôli tomu, že demokratický systém takto funguje.

Charakteristickým znakom demokracie je, že „ľud" rozhoduje, ako má byť spoločnosť organizovaná. Inými slovami, my „všetci

11

spolu" rozhodujeme o všetkom, čo sa nás týka. Aké vysoké majú byť dane, koľko peňazí má byť použitých na starostlivosť o deti a o starších ľudí, v akom veku povolíme ľuďom piť alkoholické nápoje, koľko musia zamestnávatelia platiť na dôchodky svojich zamestnancov, čo má byť na etiketách výrobkov, čo sa deti musia učiť v škole, koľko peňazí sa má minúť na rozvojovú pomoc alebo obnoviteľnú energiu, na športové vzdelávanie alebo symfonický orchester, ako má majiteľ krčmy viesť svoj podnik a či je jeho hosťom povolené fajčiť, ako má byť postavený dom, aké vysoké majú byť úrokové sadzby, koľko peňazí má byť v obehu, či majú byť banky zachránené peniazmi daňových poplatníkov, ak pohrozia, že vyhlásia bankrot, kto sa môže nazývať lekárom, kto môže založiť nemocnicu, či ľuďom povolíme zomrieť, keď sú unavení životom a či je krajina vo vojnovom stave. V demokracii sa očakáva od „ľudu", že rozhodne o všetkých týchto otázkach – a o tisíckach ďalších.

> Je jasné, že sloboda nie je to isté, čo demokracia. Zamyslite sa nad týmto: rozhodujeme demokraticky, koľko peňazí má každý minúť na oblečenie?

Demokracia je teda podľa definície *kolektivistickým* systémom. Je to tajná forma socializmu cez zadný vchod. Hlavnou myšlienkou je, že je žiaduce a správne, aby všetky dôležité rozhodnutia o materiálnej, sociálnej a ekonomickej organizácii spoločnosti boli uskutočnené kolektívom – „ľudom". A ľud splnomocňuje svojich zástupcov v parlamente – inými slovami Štát – aby zaň tieto rozhodnutia urobil. Inými slovami, v demokracii je celá štruktúra spoločnosti zameraná na Štát.

Tvrdenie, že demokracia je akýmsi nevyhnutným vyvrcholením politického vývoja ľudstva, je potom jasne zavádzajúce. Je to len propaganda maskujúca fakt, že demokracia predstavuje veľmi špecifickú politickú orientáciu, ku ktorej v skutočnosti existuje množstvo rozumných alternatív.

Jedna z týchto alternatív sa nazýva: sloboda. Alebo liberalizmus – v klasickom zmysle slova (ktorý má úplne iný význam ako slovo liberalizmus dnes používané v USA). Je jasné, že sloboda nie je to isté, čo demokracia. Zamyslite sa nad týmto: rozhodujeme demokraticky, koľko peňazí má každý minúť na oblečenie? Alebo do ktorého supermarketu treba chodiť? Samozrejme, že nie. Každý sa rozhoduje sám za seba a takáto sloboda voľby funguje dobre. Prečo je potom lepšie, ak sa o všetkých ostatných veciach, ktoré nás ovplyvňujú – od pracoviska cez zdravotnú starostlivosť a dôchodky až po krčmy a kluby – rozhoduje demokraticky?

Čo ak je tento samotný fakt – že o všetkom rozhodujeme demokraticky, že v podstate všetky ekonomické a spoločenské záležitosti sú riadené Štátom – hlavnou príčinou väčšiny problémov v našej spoločnosti? Môžu byrokracia, vládne zásahy, parazitizmus, korupcia, nezamestnanosť, inflácia, nízke vzdelávacie štandardy, atď. vznikať nie kvôli *nedostatku* demokracie, ale byť demokraciou *spôsobené*? Môžu byť všetky tieto fenomény súčasťou demokracie presne tak, ako patrili prázdne obchody a trabanty ku komunizmu?

Veríme, že v tejto knihe vám to dokážeme.

Táto kniha je rozdelená na tri časti. V prvej časti rozoberieme našu vieru v Boha parlamentnej demokracie. Demokracia so sebou prináša, rovnako ako akékoľvek iné náboženstvo, niekoľko presvedčení – dogiem, ktoré všetci akceptujú ako nesporné pravdy. My ich prezentujeme vo forme 13 obľúbených mýtov o demokracii.

V druhej časti opíšeme praktické dôsledky demokratického systému. Snažíme sa odhaliť, prečo demokracia neodvratne vedie k stagnácii, a čo ju robí neefektívnou a nespravodlivou. V tretej časti načrtneme alternatívu k demokracii, a síce systém založený na nezávislosti jednotlivca, ktorý sa vyznačuje decentralizáciou, miestnou samosprávou a rozmanitosťou.

Napriek našej kritike súčasného národnodemokratického systému vidíme budúcnosť optimisticky. Jedným z dôvodov, prečo sú mnohí ľudia pesimistickí, je, že cítia, že súčasný systém nikam nevedie, no nevedia si predstaviť inú prijateľnú alternatívu. Vedia, že vláda vo veľkej miere riadi ich životy, ale aj to, že oni vládu riadiť nemôžu. Jedinými predstaviteľnými alternatívami sú formy diktatúry, ako napríklad „čínsky model" alebo formy nacionalizmu či fundamentalizmu.

Lenže v tomto sa mýlia. Demokracia nie je sloboda. Je to takisto forma diktatúry – diktatúry väčšiny a Štátu. A nie je ani synonymom spravodlivosti, rovnosti, solidarity či mieru.

Demokracia je systém, ktorý bol pred zhruba 150 rokmi zavedený vo väčšine západných krajín z rôznych dôvodov, no tým hlavným bolo dosiahnutie socialistických myšlienok v liberálnych spoločnostiach. Nech už svojho času k demokracii viedli akékoľvek príčiny, dnes nie je dôvod, aby sa parlamentná demokracia naďalej udržiavala. Už viac nefunguje. Je čas na novú slobodu, v ktorej produktivita a solidarita nie sú organizované na báze demokratickej diktatúry, ale sú výsledkom dobrovoľných vzťahov medzi ľuďmi. Dúfame, že našich čitateľov presvedčíme, že pravdepodobnosť realizácie takéhoto ideálu je väčšia, ako si dnes väčšina ľudí vie predstaviť – a že výsledok stojí za vynaložené úsilie.

I. Mýty o demokracii

Mýtus 1
Každý hlas sa počíta

Vždy to počujeme v období volieb. Tvrdenie, že náš hlas sa naozaj ráta. Je to pravda – ráta sa ako jeden hlas zo sto miliónov (ak hovoríme o prezidentských voľbách v USA). Ale ak vplývate na výsledok procesu ako jeden zo sto miliónov, teda 0.000001%, váš vplyv je prakticky nulový. Šanca, že s vaším hlasom rozhodnete o víťazovi volieb, je astronomicky malá.

V skutočnosti je to ešte horšie, pretože hlas, ktorý odovzdávate, sa neviaže k špecifickým politickým krokom alebo rozhodnutiam. Je to hlas pre kandidáta alebo politickú stranu, ktorá bude prijímať rozhodnutia *vo vašom mene*. Lenže vy nemáte absolútne žiadny vplyv na rozhodnutia, ktoré táto osoba alebo strana príjmu! Po voľbách ich nemôžete usmerňovať. Počas štyroch rokov sa môžu rozhodovať, ako chcú, a vy to nemôžete nijako ovyplyvniť. Môžete ich bombardovať e-mailami, padnúť pred nimi na kolená alebo ich preklínať – ale rozhodujú oni.

Vláda každý rok prijíma tisícky rozhodnutí. Jedna izolovaná voľba nemá na rozhodnutia prijímané niekým, kto si môže bez akejkoľvek konzultácie s vami robiť čokoľvek, čo chce, žiadny merateľný vplyv.

Voľby sú ilúziou vplyvu výmenou za stratu slobody.

Hlas, ktorý odovzdáte, zvyčajne ani nie je reálnou voľbou. Viac-menej je len náznakom nejasnej preferencie. Len málokedy máte na výber osobu alebo politickú stranu, s ktorou súhlasíte vo všetkých ohľadoch. Povedzme, že nechcete, aby sa vaše peniaze míňali na pomoc krajinám tretieho sveta alebo na vojnu v Afganistane. Môžete voliť stranu, ktorá je proti. Avšak táto strana môže byť tiež zástancom zvyšovania dôchodkového veku, s ktorým vy nesúhlasíte.

Navyše, ak už strana alebo človek, ktorému ste mohli, ale nemuseli odovzdať hlas, bol zvolený, až príliš často porušuje svoje predvolebné sľuby. Čo môžete vtedy urobiť? Mali by ste mať možnosť ich žalovať za podvod, ale nemáte. V najlepšom prípade môžete o štyri roky voliť inú stranu alebo kandidáta – ale len s veľmi malými rozdielmi.

Voľby sú ilúziou vplyvu výmenou za stratu slobody. Keď Tomáš alebo Jana idú k volebným urnám, sú toho názoru, že ovplyvňujú smer, ktorým sa Štát bude uberať. A do malej miery to je pravda. V rovnakom čase však rozhoduje o smere, ktorým budú napredovať životy Jany a Tomáša, 99.9999% voličov. Týmto spôsobom strácajú nad vlastnými životmi oveľa viacej kontroly, než získavajú nad životmi ostatných. Obaja by mali oveľa viacej „vplyvu", keby jednoducho mohli rozhodovať sami za seba. Napríklad, ak by sa sami mohli rozhodnúť, na čo použijú svoje peniaze a nemuseli najskôr prostredníctvom rozličných daní odovzdať polovicu svojich príjmov vláde.

Alebo, aby sme uviedli iný príklad, v našich demokratických systémoch majú ľudia len veľmi malú priamu kontrolu nad vzdelávaním vlastných detí. Ak chcú zmeniť vzdelávacie postupy a získať väčší vplyv, ako im prináleží prostredníctvom volebných urien, musia založiť alebo sa pridať k lobistickému združeniu, predkladať politikom petície alebo organizovať protesty pred vládnymi budovami. Existujú asociácie rodičov, ktoré sa snažia vzdelávaciu politiku ovplyvniť takouto cestou. Toto úsilie vyžaduje množstvo času a energie a prakticky nemá žiadny účinok. Bolo by neporovnateľne jednoduchšie a oveľa efektívnejšie, keby Štát nezasahoval do vzdelávania, a keby učitelia, rodičia a študenti mohli prijímať vlastné rozhodnutia – či už individuálne alebo spoločne.

Vládnuca vrstva samozrejme ľudí vytrvalo nabáda, aby volili. Vždy zdôrazňujú, že hlasovaním ľudia naozaj ovplyvňujú politiku vlády. Ale na čom im naozaj záleží je, že vysoká účasť im zabezpečí legitimitu, morálne právo vládnuť nad ľuďmi. Mnoho občanov verí, že účasť na voľbách je morálnou povinnosťou. Často sa hovorí, že ak nevolíte, nemáte právo sa vyjadrovať vo verejných debatách alebo sa sťažovať na politické rozhodnutia. Koniec koncov ste svoj hlas neodovzdali, takže sa už neráta. Takto argumentujúci jednotlivci si zjavne nevedia predstaviť, že existujú ľudia, ktorí odmietajú podporovať ilúziu vplyvu, na ktorej sa demokracia zakladá. Trpia štokholmským syndrómom. Zamilovali sa do svojich väzniteľov a neuvedomujú si, že svoju nezávislosť vymieňajú za moc, ktorou nad nimi vládnu politici a byrokrati.

Mýtus 2
V demokracii vládne ľud

Toto je základnou myšlienkou demokracie. Demokracia to doslovne znamená: vláda ľudu. Ale vládne v demokracii naozaj ľud?

Prvým problémom je, že „ľud" neexistuje. Existujú len milióny jednotlivcov s rovnakým množstvom názorov a záujmov. Ako môžu vládnuť ako celok? Je to nemožné. Ako raz povedal istý holandský komik: *„Demokracia je vôľa ľudu. Každé ráno s prekvapením v novinách čítam, čo vlastne chcem."*

Priznajme si, že nikto nezačne vyhlasovať niečo ako: „Spotrebiteľ chce Microsoft," alebo že: „ľud chce Pepsi." Niektorí ich chcú a iní nie. To isté platí aj o politických preferenciách.

Navyše to nie je naozaj „ľud", ktorý v demokracii rozhoduje, ale „väčšina" ľudu alebo skôr väčšina voličov. Menšina k „ľudu" zjavne nepatrí. Znie to tak trochu zvláštne. Nie je náhodou každý súčasťou ľudu? Ako zákazník Walmartu si neželáte, aby vám boli potraviny z iného supermarketu vnucované nasilu, lenže presne takto demokracia funguje. Ak sa po voľbách ocitnete na strane porazených, budete musieť tancovať tak, ako píska víťaz.

Ale dobre, predpokladajme, že väčšina znamená to isté, čo ľud. Platí potom, že ľud naozaj rozhoduje? Pouvažujme o tom. Existujú dva typy demokracií: priame a nepriame (alebo zastupiteľské). V priamej demokracii každý hlasuje o každom prijímanom rozhodnutí, napríklad prostredníctvom referenda. V nepriamej demokracii si ľudia volia iných ľudí, ktorí potom rozhodujú za nich. Ľud má v druhom prípade zjavne oveľa menšiu možnosť dostať sa k slovu ako v prvom. Napriek tomu sú skoro všetky moderné demokracie nepriame, hoci občas usporiadajú príležitostné referendá.

Pri odôvodňovaní zastupiteľského systému jeho zástancovia argumentujú tým, že po prvé by bolo nepraktické usporadúvať referendá o veľkom množstve rozhodnutí, ktoré musí vláda dennodenne prijímať a po druhé, že ľudia nemajú dostatočnú odbornú znalosť rozhodovať o všemožných spletitých problémoch v spoločnosti.

Prvý argument bol možno presvedčivý v minulosti, pretože okrem prostredia veľmi malých komunít bolo náročné vybaviť každého jednotlivca potrebnými informáciami a nechať ho prehovoriť. Dnes je však už neplatný. Vďaka internetu a iným komunikačným technológiám je jednoduché umožniť veľkým skupinám participovať na rozhodovacom procese a organizovať referendá. Napriek tomu takmer nikdy k tomu nedôjde. Prečo neusporiadať referendum na otázku, či má USA ísť do vojny v Afganistane, Líbyi alebo kdekoľvek inde? Napokon vládnu ľudia, nie? Prečo teda nemôžu prijímať rozhodnutia také kľúčové pre ich životy? Každý si, samozrejme, uvedomuje, že vláda v skutočnosti prijíma množstvo rozhodnutí, ktoré by väčšina v hlasovaní nepodporila. Predstava, že „ľud vládne", je jednoducho mýtom.

Ale čo druhý argument? Nie je väčšina problémov príliš zložitá na to, aby sa o nich hlasovalo? Sotva. Či sa má niekde postaviť mešita, aký by mal byť zákonom stanovený vek na konzumáciu alkoholu, aké vysoké by mali byť minimálne tresty pri niektorých trestných činoch, či sa má postaviť viac alebo menej diaľnic, aký vysoký by mal byť štátny dlh, či má byť napadnutá cudzia krajina, atď. – všetky tieto otázky sú pomerne dosť jasné. Ak naši vládcovia berú demokraciu vážne, nemali by ľudí nechať priamo hlasovať aspoň o niektorých z nich?

Alebo tento druhý argument znamená, že ľudia nie sú dostatočne inteligentní na to, aby si sami vytvorili odôvodnené názory na rôzne druhy spoločenských a ekonomických otázok? Ak je to tak, ako môžu byť dostatočne inteligentní, aby porozumeli všemožným volebným programom a na ich základe volili?

Každý zástanca demokracie sa musí domnievať, že ľudia vedia aspoň niečo a sú schopní porozumieť prostému jazyku. Okrem toho, prečo by mali byť politici, ktorí sú do úradov volení, múdrejší ako voliči, ktorí ich volia? Majú politici tajomný prístup k prameňu múdrosti a poznania, zatiaľ čo voliči nie? Alebo disponujú vznešenejšími morálnymi hodnotami ako bežný občan? Vôbec nič tomu nenasvedčuje.

Nie je to „vôľa ľudu", ale vôľa politikov – hnaná skupinami profesionálnych lobistov, záujmovými skupinami a aktivistami – ktorá vládne v demokracii.

Obhajcovia demokracie môžu namietať, že aj keď ľudia nie sú hlúpi, nikto nemá postačujúce znalosti rozhodovať o zložitých otázkach hlboko zasahujúcich do životov miliónov jednotlivcov. Toto je bezpochyby pravda, ale platí to tiež pre politikov a štátnych úradníkov, ktorí tieto rozhodnutia v demokracii prijímajú. Ako môžu napríklad vedieť, aký typ vzdelávania chcú rodičia, učitelia a študenti? Alebo aké vzdelanie je najlepšie? Každý človek má vlastné predstavy a názory na to, čo je dobré vzdelanie. A väčšina ľudí je prinajmenšom dostatočne inteligentná, aby sa rozhodla, čo je dobré pre nich a ich deti. Ale toto je v rozpore so snahou demokracie o univerzálne riešenia.

Zdá sa, že v našich demokraciách ľud nevládne vôbec. A ani to nie je veľkým prekvapením. Každý vie, že vlády pravidelne robia kroky, s ktorými väčšina ľudí nesúhlasí. Nie je to „vôľa ľudu", ale vôľa politikov – hnaná skupinami profesionálnych lobistov, záujmovými skupinami a aktivistami – ktorá vládne v demokracii. Špičky ropného, agrárneho a farmaceutického priemyslu, vojensko-priemyselný komplex, Wall Street – tí všetci vedia ako systém využiť vo svoj prospech. Rozhodnutia prijíma malá elita – často v zákulisí. Nehľadiac na „vôľu ľudu", táto elita rozhadzuje naše úspory na vojny a rozvojovú pomoc, povoľuje masovú imigráciu len málo podporovanú občanmi, vytvára obrovské deficity, špehuje svojich obyvateľov, púšťa sa do vojen, s ktorými súhlasí len málo voličov, míňa naše peniaze na dotácie pre osobitné záujmové skupiny, uzatvára medzinárodné dohody – ako menová únia v EÚ alebo NAFTA – z ktorých na úkor produktívnych profitujú neproduktívni. Prijali sme všetky tieto rozhodnutia demokraticky alebo to chceli naši vládcovia?

Koľko ľudí by v skutočnosti dobrovoľne previedlo tisícky eur na bankový účet vlády, aby vojaci mohli v ich mene bojovať v Afganistane? Prečo sa ich nespýtame aspoň raz? Nevládnu oni?

Často sa hovorí, že demokracia je dobrý spôsob, ako obmedziť moc vládcov, ale ako vidíme, je to len ďalší mýtus. Vládcovia si v podstate môžu robiť, čokoľvek sa im zachce!

Navyše, moc politikov v demokracii siaha oveľa ďalej ako ich pôsobenie vo vláde alebo v parlamente. Keď sú voličmi vytlačení z úradu, často sa dostanú k lukratívnym pozíciám v nespočetných organizáciách, ktoré existujú v tesnej symbióze so Štátom – v mediálnych spoločnostiach, odborových zväzoch, na univerzitách, v mimovládnych organizáciách, lobistických skupinách, think-tankoch a v tisíckach poradenských firiem, ktoré žijú zo Štátu ako pleseň na zhnitých kmeňoch stromov. Inými slovami, zmena vlády nutne neznamená zmenu v tom, kto je v spoločnosti skutočne pri moci. Možnosť vystopovania zodpovednosti v demokratickom systéme je oveľa obmedzenejšia, ako by sa mohlo zdať.

Tiež stojí za zmienku, že napr. v USA nie je účasť vo voľbách vôbec jednoduchá. Aby ste sa vo federálnych voľbách mohli uchádzať o úrad, musíte splniť 500 strán právnych predpisov. Podmienky sú tak zložité, že laik nemá šancu im porozumieť.

Obhajcovia demokracie napriek tomu všetkému vyhlasujú, že

„sme si to odhlasovali my", keď vláda implementuje nejaký nový zákon. To znamená, že „my" sa už nemáme právo proti prijatým rozhodnutiam postaviť. Ale tento argument sa zriedka presadzuje dôsledne. Gejovia ho využívajú na obranu svojich práv, ale nebudú ho akceptovať, ak demokratická krajina zakáže homosexualitu. Environmentálni aktivisti sa dožadujú presadzovania demokraticky schválených environmentálnych nariadení, ale neboja sa usporadúvať protizákonné protesty, ak nesúhlasia s inými demokratickými rozhodnutiami. V takých prípadoch sme si ich „my" očividne nezvolili.

Mýtus 3
Väčšina má pravdu

V záujme diskusie ale na chvíľu predpokladajme, že ľud v demokracii naozaj vládne, a že každý hlas sa naozaj počíta. Bude výsledok takéhoto procesu automaticky správny alebo prospešný? Nakoniec toto je dôvod, prečo demokraciu máme – aby sme robili tú správnu vec – však? Ibaže vysvetliť, prečo alebo ako by mal demokratický proces automaticky viesť k prospešným a správnym výsledkom, je náročné. Ak veľa ľudí v niečo verí, neznamená to, že je to pravda. V minulosti nájdeme množstvo príkladov kolektívnych omylov. Ľudia si napríklad mysleli, že zvieratá necítia bolesť, alebo že Zem je plochá, alebo že kráľ alebo cisár boli stelesnením boha na Zemi.

Niečo nemusí byť morálne správne alebo spravodlivé len preto, že to má mnoho stúpencov. Stačí si spomenúť na množstvo kolektívnych zločinov spáchaných v minulosti. Ohavnosti ako otroctvo alebo prenasledovanie židov boli kedysi väčšinou považované za úplne akceptovateľné.

Otvorene si priznajme: ľudia sú vo voľbách zvyčajne vedení vlastným záujmom. Volia strany, od ktorých očakávajú, že im prinesú najväčšie benefity. Vedia, že na nákladoch, ktoré sú s nimi spojené, sa budú podieľať

> V demokracii je morálne uvažovanie prehlušené vôľou väčšiny. Kvantita preváži kvalitu – množstvo ľudí, ktorí niečo chcú, má prednosť pred úvahami o morálnosti a racionálnosti.

všetci. Je toto spravodlivé alebo žiaduce? Nepríjemnou pravdou je, že ľudia sa najčastejšie stávajú obhajcami demokracie vtedy, keď očakávajú alebo dúfajú v začlenenie sa do väčšiny, aby tak mohli profitovať z drancovania majetku ostatných. Dúfajú, že ich bremeno s nimi budú niesť ostatní, a že ostatní budú financovať nimi požadovanú štátnu podporu. Toto je skôr opakom ako vzorom morálneho správania.

Zveličujeme? Ak vy a vaši priatelia niekoho okradnete na ulici, budete potrestaní. Ak väčšina prostredníctvom zákona okráda menšinu (napr. prostredníctvom novej dane na alkohol alebo cigarety), je to demokratické rozhodnutie a preto je to legálne. Ale ako sa to líši od prepadnutia na ulici?

Ak sa nad tým zamyslíte, musíte dospieť k názoru, že základný mechanizmus demokracie – teda fakt, že rozhoduje väčšina – je vo svojej podstate nemorálny. V demokracii je morálne uvažovanie prehlušené vôľou väčšiny. Kvantita preváži kvalitu – množstvo ľudí, ktorí niečo chcú, má prednosť pred úvahami o morálnosti a racionálnosti.

Auberon Herbert, britský politik a spisovateľ z 19. storočia, sa vyslovil o logike a morálnosti demokracie nasledovne:

„V miestnosti sa nachádza 5 ľudí. Pretože traja z nich zdieľajú ten istý názor a dvaja iný, majú títo traja akékoľvek morálne právo si zdieľanie ich názoru zvyšnými dvoma vynútiť? Akej zázračnej sily sa títo traja môžu zmocniť z dôvodu, že ich je o jedného viacej, aby sa tak zrazu mohli stať vlastníkmi myslí a tiel ostatných dvoch? Pokiaľ by v miestnosti boli len dvaja proti dvom, môžeme predpokladať, že každý ostane pánom svojej mysle a svojho tela; ale v momente, keď sa ďalšia osoba, len hviezdy vedia na základe akého motívu, pripojí k jednej alebo druhej skupine, táto skupina priamo preberá vlastníctvo nad dušami a telami členov tej druhej. Existovala už niekedy takáto ponižujúca a neobhájiteľná povera? Nie je toto priamym rodovým potomkom starých povier o cisároch a veľkňazoch a ich autorite nad dušami a telami ľudí?"

Mýtus 4
Demokracia je politicky neutrálna

Demokracia je zlučiteľná s akýmkoľvek politickým smerom. Voliči predsa určujú politické preferencie vládnej strany alebo strán. Samotný systém teda presahuje akékoľvek rozdiely v politických názoroch: vo svojom jadre nie je pravý ani ľavý, socialistický alebo kapitalistický, a ani konzervatívny či progresívny.

Tak sa to aspoň javí. Avšak v najlepšom prípade je to len polovičnou pravdou; v skutočnosti demokracia stelesňuje špecifický politický smer.

Demokracia je podľa definície *kolektivistická* myšlienka, a síce taká, že o všetkom musíme rozhodovať spoločne a že následne sa všetci musia spoločne prijatým rozhodnutiam podriadiť. To znamená, že v demokracii je viac-menej všetko vecou verejnou. *Zásadné hranice tejto kolektivizácie neexistujú.* Ak väčšina (alebo lepšie povedané vláda) rozhodne, môže nariadiť, že pri kráčaní po ulici budeme všetci musieť nosiť chrániče, pretože je to bezpečnejšie. Alebo sa obliekať ako klauni, pretože to bude ľudí rozosmievať. Žiadna osobná sloboda nie je nedotknuteľná. Toto necháva dvere otvorené pre stále sa zvyšujúce zasahovanie zo strany vlády. A neustále rastúce miešanie sa do životov jednotlivcov je presne to, čo sa deje v demokratických spoločnostiach.

Áno, politické trendy sa menia a často dochádza k spätnej reakcii − napríklad od väčšej regulácie k menšej a späť − ale z dlhodobého hľadiska západné demokracie plynule napredujú smerom k narastajúcemu vplyvu vlád, väčšej závislosti na Štáte a zvyšujúcim sa verejným výdavkom.

Možno to nebolo až tak viditeľné počas studenej vojny, keď boli západné demokracie porovnávané s totalitnými štátmi ako Sovietsky zväz a Maova Čína, pretože sa kvôli tomu javili ako relatívne slobodné. V tej dobe bolo ťažšie postrehnúť, že sme sami boli čoraz viac kolektivistickými. Lenže po roku 1990, po páde komunizmu, začalo byť zrejmé, že naše sociálne demokracie príliš dlho nasledovali tú istú trajektóriu. Dnes nás predstihujú novovznikajúce ekonomiky, ktoré ponúkajú viacej slobody, nižšie dane a menej regulácie ako naše vlastné systémy.

Veľa demokratických politikov samozrejme vyhlasuje, že sú za „slobodný trh". Ich činy však dokazujú niečo iné. Zoberme si napríklad Republikánsku stranu v USA, ktorá je často považovaná za stranu slobodného podnikania. Podriadili sa prakticky všetkým hlavným intervenčným politikám presadzovaným ich ľavicovými rivalmi – sociálnemu štátu, vysokým daniam, vysokým verejným výdavkom, výstavbe štátnych bytov, regulácii pracovného práva, minimálnej mzde, zahraničným intervenciám – a pridali pár vlastných, ako napríklad dotácie bankám a veľkým podnikom a zákony proti trestným činom bez obete, ako sú užívanie drog a prostitúcia. Štát rástol napriek občasným zvratom a vlnám „deregulácie" počas vlády oboch strán, bez ohľadu na to, ako často republikáni rozprávajú o tom, že podporujú slobodné podnikanie. Počas úradovania „konzervatívneho" prezidenta Ronalda Reagana štátny rozpočet narástol, nie klesol. Pod republikánskou exekutívou Georgea W. Busha rozpočet nestúpal – ale raketovo vyletel. Toto dosvedčuje, že demokracia nie je politicky neutrálna, ale zo svojej podstaty smeruje k nárastu kolektivizmu a vplyvu vlády, bez ohľadu na to, kto je v danej chvíli pri moci.

Tento všeobecný trend sa odzrkadľuje v nepretržitom náraste verejných výdavkov. Na začiatku 20. storočia predstavovali verejné výdavky vo väčšine západných demokracií poväčšine okolo 10% hrubého domáceho produktu (HDP). Dnes je to okolo 50%. Na šesť mesiacov v roku sa ľudia stali nevoľníkmi pracujúcimi pre Štát.

Verejné výdavky; vyjadrené v % z HDP									
	1870	1913	1920	1937	1960	1980	1990	2000	2005	2009
Belgicko	8	13,8	22,1	21,8	30,3	58,6	54,8	49,1	52	54
Francúzsko	12,6	17	27,6	29	34,6	46,1	49,8	51,6	53,4	56
Holandsko	9,1	9	13,5	19	33,7	55,8	54,1	44,2	44,8	50
Japonsko	8,8	8,3	14,8	25,4	17,5	32	31,3	37,3	34,2	39,7
Kanada			10,7	25	28,6	38,8	46	40,6	39,2	43,8
Nemecko	10	14,8	25	34,1	32,4	47,9	45,1	45,1	46,8	47,6
Rakúsko	10,5	17	14,7	20,6	35,7	48,1	38,6	52,1	50,2	52,3
Španielsko		11	8,3	13,2	18,8	32,2	42	39,1	38,4	45,8
Švajčiarsko	16,5	14	17	24,1	17,2	32,8	33,5	33,7	37,3	36,7
Švédsko	5,7	10,4	10,9	16,5	31	60,1	59,1	52,7	51,8	52,7
Taliansko	13,7	17,1	30,1	31,1	30,1	42,1	53,4	46,2	48,2	51,9
U.S.A.	7,3	7,5	12,1	19,7	27	31,4	33,3	32,8	36,1	42,2
V. Británia	9,4	12,7	26,2	30	32,2	43	39,9	36,6	40,6	47,2
Priemer	10,4	12,7	18,4	23,8	28,4	43,8	44,7	43,2	44,1	47,7

(Zdroj: Economist, 17. marec 2011)

V slobodnejšej – a menej demokratickej – spoločnosti bola daňová záťaž oveľa nižšia ako dnes.

Anglicko malo po dlhé stáročia systém, v ktorom mal kráľ právo míňať peniaze, ale nie vyberať dane a parlament mal právo zdaňovať, ale nie utrácať. Následkom toho boli vnútroštátne dane pomerne nízke. V 20. storočí, keď sa Británia stala demokratickou, dane prudko stúpli.

Americká revolúcia začala ako daňová vzbura amerických kolonistov voči materskej krajine, Veľkej Británii. Zakladateľom Spojených štátov sa demokracia páčila presne takisto ako vysoké dane, teda vôbec. Slovo „demokracia" sa nevyskytuje nikde v Deklarácii nezávislosti a ani v Ústave.

V 19. stročí bolo daňové zaťaženie v USA nanajvýš niekoľko percent, s výnimkou obdobia vojen. Daň z príjmu neexistovala a bola dokonca ústavne zakázaná. Ale počas toho, ako sa USA menili z decentralizovaného federálneho štátu na národnú parlamentnú demokraciu, vládna moc neustále rástla. Tak bola napríklad v roku 1913 zavedená daň z príjmu a tiež vytvorený Federálny rezervný systém.

27

Ďalší veľavravný príklad nájdeme v Zbierke federálnych nariadení (Code of Federal Regulations), ktorá obsahuje všetky zákony schválené federálnou vládou. V roku 1925 mala len jeden zväzok. V roku 2010 sa rozrástla do viac ako 200 dielov, z ktorých len samotný register zaberá viac ako 700 strán. Obsahuje pravidlá pre všetko pod slnkom – od toho ako má vyzerať remienok hodiniek, až po to, ako majú byť v reštauráciách pripravované cibuľové krúžky. Len počas vlády prezidenta Georgea W. Busha bolo podľa časopisu The Economist ročne pridaných 1000 strán federálnych nariadení. Podľa toho istého týždenníka narástol medzi rokmi 2001 a 2010 americký daňový poriadok z 1.4 milióna na 3.8 milióna slov.

Mnohé navrhované zákony v americkom Kongrese sú tak nafúknuté, že kongresmani sa ani neunúvajú, si ich pred hlasovaním prečítať. Stručne povedané – nástup demokracie v USA viedol k významnému nárastu moci vlády a frekvencie jej zasahovania do životov jednotlivcov, hoci ľudia často tvrdia, že Amerika je „slobodnou" krajinou.

Expanzia daňového poriadku

Počet strán, z ktorých pozostáva federálny zákon o správe dani (daňový poriadok) v USA

Zdroj: CCH

Rok

V ostatných západných demokraciách došlo k podobnému vývoju. Napríklad v Holandsku, odkiaľ mimochodom pochádzajú autori tejto knihy, bolo celkové daňové zaťaženie v roku 1850 14% HDP. Dnes je to podľa štúdie holandského Úradu centrálneho plánovania 55%. Podľa inej štúdie pohltili vládne výdavky v roku 1900 10% národného príjmu a 52% v roku 2002.

Počet zákonov a nariadení v Holandsku taktiež neustále rástol. Podľa štúdie Vedeckovýskumného a dokumentačného oddelenia holandského Ministerstva spravodlivosti sa objem prijatých zákonov medzi rokmi 1982 a 2004 zvýšil o 72%. V roku 2004 malo Holandsko celkovo 12 000 evidovaných zákonov a nariadení, ktoré obsahovali vyše 140 000 paragrafov.

Jedným z problémov prameniacich z veľkého množstva zákonov je, že sa zvyčajne navzájom dopĺňajú. Inými slovami, jedno nariadenie vedie k druhému. Napríklad ak máte systém Štátom zriadeného zdravotného poistenia, vláda sa snaží primäť ľudí, aby si osvojili (údajne) zdravý životný štýl. Koniec koncov hovorí sa, že „my" všetci platíme za vysoké liečebné náklady pre tých, ktorí žijú nezdravo. Je to pravda, ale v prvom rade preto, že vláda zaviedla kolektivistický systém. Takýto typ zdravotníckeho fašizmu je pre demokratické krajiny príznačný a dnes rutinne akceptovaný väčšinou ľudí. Považujú za úplne normálne, keď vláda nariadi, že by nemali jesť mastné jedlá alebo cukor, že by nemali fajčiť, že si majú zapínať bezpečnostné pásy alebo nosiť prilby, atď. Toto všetko sú, samozrejme, priame porušenia osobných slobôd.

Dalo by sa namietať, že v posledných desaťročiach sloboda v niektorých odvetviach hospodárstva narástla. V mnohých západných krajinách súkromné (komerčné)

> Demokracia je vo svojej podstate totalitná ideológia, hoci nie je tak extrémna ako nacizmus, fašizmus, či komunizmus.

televízne spoločnosti prelomili monopol štátnych vysielacích staníc, otváracie hodiny obchodov sa predĺžili, došlo k deregulácii leteckej dopravy, telekomunikačný trh sa zliberalizoval a vo veľa krajinách sa zrušila branná povinnosť. Lenže mnohé tieto úspechy museli byť od demokratických politikov vynútené. Vo veľa prípadoch politici nemohli tieto zmeny zastaviť, nakoľko sú výsledkami technologického pokroku (ako napríklad v médiách alebo telekomunikáciách) alebo konkurencie z iných krajín (ako v prípade deregulácie leteckých spoločností). Tento vývoj je porovnateľný s pádom komunizmu v bývalom Sovietskom zväze. Nestalo sa tak preto, lebo tí, čo boli pri moci, sa jej chceli vzdať, ale preto, že nemali na výber – pretože systém sa zrútil a nebolo možné ho obnoviť. Rovnakým spôsobom sa naši demokratickí politici musia pravidelne zriecť kúskov svojej moci.

Lenže naši politici sa väčšinou zo straty pozície pomerne rýchlo zotavia. Preto je sloboda na internete čoraz častejšie potláčaná zásahmi zo strany vlád. Sloboda slova je obmedzovaná antidiskriminačnými zákonmi. Práva na duševné vlastníctvo (patenty a autorské práva) sa využívajú na okliešenie slobody výrobcov a konzumentov. Liberalizácia trhov je spravidla sprevádzaná vytvorením nových byrokratických aparátov, aby bolo možné regulovať nové trhy. Tieto byrokratické inštitúcie majú tendenciu stále sa zväčšovať a zavádzať ešte viac regulačných opatrení. V Holandsku boli energetické a telekomunikačné odvetvia naozaj liberalizované, no v rovnakom období došlo k vytvoreniu nových regulačných úradov – šiestich počas posledných desiatich rokov.

Náklady spojené s dodržiavaním federálnych zákonov a nariadení v USA, podľa výskumníkov z Virgínskej univerzity, medzi rokmi 2003 a 2008 stúpli o 3% - na $1.75 bilióna ročne, alebo tiež 12% HDP. Po roku 2008 vlny nových regulácií uchvátili finančné trhy, ropný a potravinársky priemysel a nepochybne množstvo iných odvetví. Európske firmy a domácnosti musia okrem zasahovania zo strany národných vlád znášať aj dodatočný nános predpisov, ktoré vznikajú v Európskej únii v Bruseli. A zatiaľ čo v 90. rokoch v Bruseli besnela liberalizácia, dnes je trend opačný: smerom k neustále väčšej (re-)regulácii.

Slovom, demokracia v praxi nie je politicky neutrálna. Tento systém je vo svojej povahe kolektivistický a vedie k čoraz väčším vládnym zásahom a obmedzovaniu osobných slobôd. Deje sa to, pretože ľudia na vládu kladú stále vyššie nároky a od ostatných chcú, aby za ne platili.

Demokracia je vo svojej podstate totalitná ideológia, hoci nie je tak extrémna ako nacizmus, fašizmus, či komunizmus. Sloboda v zásade v demokracii nie je posvätná a každá oblasť života jednotlivca je potenciálne podriadená vládnej kontrole. V konečnom dôsledku je menšina úplne vydaná na milosť väčšine. Dokonca aj ak je v demokracii moc vlády ústavne limitovaná, väčšina môže ústavu zmeniť. Jediné zásadné právo, ktoré v demokracii okrem uchádzania sa o úrad máte, je právo voliť politickú stranu. Touto osamelou voľbou odovzdáte svoju nezávislosť a slobodu vôli väčšiny.

Naozajstnou slobodou je právo vybrať si v systéme neparticipovať a nemusieť zaň platiť. Ako zákazník nie ste slobodný, ak ste nútený kúpiť si nový televízor, bez ohľadu na to, koľko rôznych značiek máte na výber. Naozaj slobodný ste len vtedy, keď sa môžete rozhodnúť, že si žiadny televízor nekúpite. V demokracii ste nútení kúpiť si to, čo vybrala väčšina - či sa vám to páči alebo nie.

31

Mýtus 5
Demokracia vedie k prosperite

Veľa demokratických krajín je bohatých a ľudia si preto často myslia, že demokracia je nevyhnutná pre dosiahnutie prosperity. V skutočnosti je opak pravdou. Demokracia k prosperite nevedie, zabíja ju.

Je pravda, že mnoho *západných* demokracií prosperuje. Inde vo svete však túto vzájomnú súvislosť nenájdeme. Singapur, Hongkong a mnohé krajiny Perzského zálivu nie sú demokratické, a napriek tomu prosperujú. Mnohé krajiny v Afrike a Latinskej Amerike demokratické sú, ale s výnimkou malej elity nie sú bohaté. Západné krajiny neprosperujú vďaka, ale navzdory demokracii. Ich prosperita je následkom tradície slobody, ktorou sa vyznačujú, a v dôsledku ktorej Štát ešte nemá úplnú kontrolu nad ich ekonomikami. Lenže táto tradícia je demokraciou neprestajne oslabovaná. Súkromný sektor sa ustavične narúša, čo je proces, kvôli ktorému hrozí zdevastovanie stáročiami budovaného bohatstva západu.

Prosperita vzniká všade, kde sú práva jednotlivca adekvátne chránené – obzvlášť vlastnícke práva. Inak povedané, bohatstvo sa tvorí všade tam, kde ľudia môžu vlastniť plody svojej práce. Jednotlivci sú v takej situácii motivovaní tvrdo pracovať, riskovať a využívať dostupné zdroje efektívne.

Na druhej strane, ak sú ľudia nútení odovzdať plody svojej práce Štátu – čo sčasti platí v prípade demokracie – sú menej motivovaní snažiť sa zo všetkých síl. Navyše Štát bude zaručene zdroje ľudí využívať neefektívne

> Občania sú v demokracii vedení k tomu, aby získavali výhody na úkor ostatných – alebo aby na nich prenášali svoju záťaž.

Demokratickí vládcovia predsa nemuseli pre ich získanie pracovať – a v porovnaní s ľuďmi, ktorí ich vyprodukovali, majú veľmi odlišné ciele.

Ako toto funguje v prípade demokracie? Môžeme to porovnať so skupinou 10 ľudí, ktorí sa spolu idú navečerať a vopred sa rozhodnú si rovnomerne rozdeliť účet. Keďže 90% účtu zaplatia ostatní, každý z nich je podnietený objednať si drahé jedlo, čo by neurobil, keby za účet musel platil sám. A naopak, pretože akákoľvek individuálna úspora je pre ktoréhokoľvek z nich osožná len na 10%, nikto nie je motivovaný, aby bol šetrný. Výsledkom je, že konečný účet je oveľa vyšší, ako keby každý platil len sám za seba.

V ekonómii je tento fenomén známy ako „tragédia obecnej pastviny". Pastvina je kolektívne vlastnený pozemok, využívaný niekoľkými poľnohospodármi. Poľnohospodári, ktorí sa o pastvinu delia, majú prirodzenú motiváciu nechať svoje kravy pásť čo najviac (na úkor ostatných), a nemajú záujem ich včas zahnať (pretože potom by pastvina bola dohola spasená stádami iných poľnohospodárov). Takže preto, že pastvinu vlastnia všetci (a teda nikto), výsledkom je nešetrné drancovanie zdrojov.

Demokracia funguje rovnako. Občania sú vedení, aby získavali výhody na úkor ostatných – alebo na nich prenášali vlastnú záťaž. Ľudia volia politické strany, ktoré nechávajú iných platiť za ich osobné želania (bezplatné školstvo, vyššie dávky sociálneho zabezpečenia, príspevky na starostlivosť o dieťa, viacej diaľnic, a tak ďalej). V príklade s večerou v reštaurácii sa veci nemusia príliš vymknúť spod kontroly, ľudia sú držaní na uzde prostredníctvom sociálnej kontroly, ale pri miliónoch voličov v demokracii to neplatí.

Politici sú volení, aby týmto systémom manipulovali. Spravujú „verejné" zdroje. Nevlastnia ich, takže nemusia byť hospodárni. Naopak, majú motiváciu míňať čo najviac, keďže si tým môžu zabezpečiť reputáciu a nechať svojich nasledovníkov postarať sa o účet. Koniec koncov musia sa len zavďačiť svojim voličom. Je to pre nich dôležitejšie ako dlhodobé záujmy krajiny. Výsledkom je neefektívnosť a plytvanie.

Nielenže sú politici v silnom pokušení plytvať, ale majú aj potrebu si pre seba nahromadiť čo najviac, pokým majú na starosti „verejné" zdroje. Napokon, ak už raz budú mimo úradu, nebudú sa môcť tak ľahko obohacovať.

Tento systém je pre hospodárstvo katastrofálny. Nakoľko katastrofálny, to si ľudia musia ešte v plnom rozsahu uvedomiť. Účet za horúčkovité míňanie, ktorému sa naše demokratické vlády oddávajú, sa musí ešte z veľkej časti zaplatiť.

Obrovské verejné dlhy sú výsledkom obrovských rozpočtových schodkov, ktorými – nie náhodou – trpia prakticky všetky demokratické krajiny. V Spojených štátoch sa demokratická večera dostala tak veľmi spod kontroly, že národný dlh teraz predstavuje viac ako 19 000 miliárd dolárov, čo je približne 60 000 dolárov na osobu. Vo väčšine európskych krajín je situácia taká istá. Národný dlh Holandska sa na konci roku 2010 vyšplhal na 380 miliárd eur, teda takmer 25 000 eur na obyvateľa. Verejné dlhy budú musieť byť raz splatené, a to daňovými poplatníkmi. Veľké sumy musia daňoví poplatníci vysoliť už len na splácanie úroku z dlhu. V roku 2009 išlo v Holandsku pri úroku z verejného dlhu o sumu 22 miliárd eur, čo je viac ako bolo vyčlenené na obranu a infraštruktúru. Toto všetko je totálne mrhanie a výsledok predchádzajúceho rozhadzovania peňazí daňovníkov.

Ale hniloba ide ešte hlbšie. Nielenže naši demokratickí politici vyberajú dane, ktorými následne plytvajú, ale dokázali aj získať nadvládu nad našim finančným systémom – našimi peniazmi. Prostredníctvom centrálnych bánk, ako sú Federálny rezervný systém a Európska centrálna banka, naše demokratické vlády rozhodujú, čo tvorí peniaze („zákonné platidlo"),

34

koľko peňazí sa vytvorí a naleje do ekonomiky, a aké vysoké sú úrokové sadzby. Zároveň preťali prepojenie medzi peniazmi a reálnymi hodnotami, ktoré kedysi tvorili ich základ, t. j. napríklad zlato. *Celý náš finančný systém – vrátane všetkých našich úspor a dôchodkových fondov, všetky peniaze, o ktorých si myslíme, že ich vlastníme – je založený na nepodloženej papierovej mene tlačenej Štátom.*

Výhoda tohto systému pre naše vlády je očividná. Majú „kohútik na peniaze", ktorý môžu otvoriť, kedykoľvek si zmyslia. Ani jeden absolutistický panovník v minulosti nič podobné neurobil! Ak chcú zvýšiť svoju popularitu, demokratickí lídri môžu jednoducho „napumpovať'" ekonomiku (a naplniť si svoje vlastné fondy). Robia to prostredníctvom centrálnych bánk, ktoré využívajú súkromné banky, aby zrealizovali proces vydávania peňazí. Systém je navrhnutý tak, že súkromným bankám sa udeľuje špeciálne povolenie požičiavať niekoľkonásobok hodnoty vkladov ich klientov (frakčné rezervné bankovníctvo). Čiže prostredníctvom rôznych trikov sa do ekonomiky vlieva stále viac papierových alebo elektronických peňazí.

Má to niekoľko negatívnych dôsledkov. Po prvé, hodnota peňazí sa znižuje. Tento proces trvá už jedno storočie. Od vytvorenia Federálneho rezervného systému v roku 1913 stratil dolár 95% svojej hodnoty. Preto my ako občania pozorujeme, že ceny produktov a služieb stále rastú. Na skutočne slobodnom trhu majú ceny, ako dôsledok zvyšovania produktivity a hospodárskej súťaže, tendenciu klesať. Ale v našom vládou manipulovanom systéme, v ktorom zásoba peňazí konštantne rastie, sa ceny neprestajne zvyšujú. Niektorí ľudia z toho profitujú (napr. tí, ktorí majú obrovské dlhy, ako samotná vláda), ale pre iných sa situácia zhoršuje, napríklad pre ľudí, ktorí žijú z pevne stanoveného dôchodku alebo majú úspory.

Druhým dôsledkom nafukovania ekonomiky novými peniazmi je, že pôsobia ako palivo pre jeden umelý prudký rast za druhým. Preto sme mali rozmach na trhu s nehnuteľnosťami, prudký komoditný rast alebo rozmach na trhu s cennými papiermi. Ale všetky tieto zázraky sú založené na prázdnych rečiach – všetky tieto fenomenálne rasty sa ukázali byť len bublinami, ktoré skôr či neskôr praskli. Došlo k nim len preto, lebo trhy boli zaplavené lacnými úvermi a všetci aktéri sa mohli obsypať dlhmi. Takéto večierky však nemôžu trvať donekonečna. Keď bude jasné, že dlhy sa nedajú splatiť, bublina praskne. A takto začínajú recesie.

Verejné orgány zvyčajne reagujú na recesie tak, ako by ste očakávali od demokratických politikov, teda vytváraním nových umelých peňazí a tým, že ich čoraz viac pumpujú do ekonomiky (zatiaľ čo z krízy samozrejme obviňujú „slobodné trhy" a „špekulantov"). Robia to, pretože voliči to od nich očakávajú. Voliči chcú, aby párty pokračovala čo najdlhšie – a politici väčšinou splnia ich želania, lebo chcú byť znovuzvolení. Americký spisovateľ a politik Benjamin Franklin tento problém spozoroval už v 18. storočí. „Keď ľudia prídu na to, že si môžu odvoliť peniaze, bude to predzvesťou konca republiky," napísal.

Spustenie tlačiarenského lisu obvykle prinesie trochu útechy – ale vždy je to len dočasné. V súčasnosti sa zdá, že sme dospeli do bodu, kedy sa nemôžu vytvárať ďalšie bubliny bez toho, aby celý systém úplne stroskotal. Verejní činitelia už nevedia, čo robiť. Ak budú naďalej tlačiť peniaze, podstupujú riziko hyperinflácie ako v dvadsiatych rokoch dvadsiateho storočia v Nemecku alebo nedávno v Zimbabwe. Zároveň sa však neodvážia prestať ekonomiku nafukovať, pretože by ju to vrhlo do recesie, a to sa voličom nepáči. Zdá sa proste, že systém je na mŕtvom bode. Vlády už viac nemôžu udržiavať ilúziu, ktorú vytvorili, ale nemôžu sa jej ani vzdať.

Vidíme teda, že demokracia nevedie k prosperite, ale k pretrvávajúcej inflácii a recesiám, spolu so všetkou neistotou a nestálosťou, ktoré ich sprevádzajú. Existuje alternatíva? Riešením pre nekontrolovateľné demokratické utrácanie je znovunastolenie rešpektu pre súkromné vlastníctvo. Ak bude mať každý farmár svoj vlastný pozemok, ubezpečí sa, aby nedošlo k nadmernému spásaniu pastvín. Ak si budú môcť všetci občania ponechať plody svojej práce, postarajú sa, aby ich zdroje nevyšli nazmar.

To zároveň znamená, že finančný systém musí byť odobraný z rúk politikov. Menový systém by sa rovnako ako všetky ostatné ekonomické aktivity mal opäť stať súčasťou slobodného trhu. Každý by mal mať možnosť zaviesť svoje vlastné peniaze alebo ich akceptovať vo forme, aká mu vyhovuje. Mechanizmy slobodného trhu potom zamedzia vytvoreniu ďalších bublín – aspoň v takej miere, v akej sme ich zažili prostredníctvom vládnej manipulácie nášho finančného systému.

Trhovo-hospodársky menový systém môže mnohých ľudí vydesiť. Z historického hľadiska je to však skôr pravidlo ako výnimka. Navyše by nám mohol pomôcť si uvedomiť, že naša prosperita – úžasné bohatstvo, ktorým v súčasnosti disponujeme – napokon nepozostáva z ničoho iného ako z toho, čo spolu ako produktívni občania vytvárame a čo sme vytvorili v minulosti vo forme skutočných tovarov a služieb. Nič viac a nič menej. Tento fakt nemôžu zmeniť žiadne triky ani fatamorgány, v ktorých sa angažujú naše demokratické vlády s ich papierovými peniazmi.

Mýtus 6
Demokracia je potrebná pre zabezpečenie spravodlivého rozdelenia bohatstva a pomoci pre chudobných

Ale nie je demokracia nevyhnutná pre zabezpečenie férovej distribúcie bohatstva? Politici, samozrejme, často hovoria o solidarite a spravodlivom rozdeľovaní, ale aké spravodlivé sú ich programy v skutočnosti? Aby sme mohli bohatstvo deliť, musí sa najskôr vytvoriť. Štátne dotácie a verejné služby nie sú zadarmo, hoci sa zdá, že si to veľa ľudí myslí. Približne polovicu z toho, čo produktívni občania zarobia, vláda zoberie a následne prerozdelí.

No i keby sme predpokladali, že Štát bohatstvo medzi občanmi prerozdeľovať má, stále sa naskytá otázka, či je demokratický systém prerozdeľovania spravodlivý. Dostanú peniaze tí, ktorí ich naozaj potrebujú? Kiežby to len bola pravda. Väčšina grantov a dotácií putuje osobitným záujmovým skupinám. Ako príklad môžu slúžiť poľnohospodárske dotácie, na ktoré pripadajú dve pätiny rozpočtu EÚ.

Lobistické skupiny vedú nekonečný boj o dotácie, privilégiá a pracovné miesta. Každý sa chce nasýtiť z válova, do ktorého tečú „verejné" zdroje. Takýto systém podporuje parazitizmus, protekcionárstvo a závislosť a odrádza od osobnej zodpovednosti a sebestačnosti. Existuje množstvo osobitných záujmových skupín, ktoré z týchto opatrení ťažia, hoci sú sotva chudobné alebo znevýhodnené. Patria medzi ne napríklad agentúry pre rozvojovú pomoc, banky, veľké korporácie, poľnohospodári, verejný rozhlas a televízia, environmentálne organizácie alebo kultúrne inštitúcie. V dotáciách a príspevkoch sú schopné získať miliardy, pretože majú priamy prístup k moci. Príjemcovia s najvyšším „čistým príjmom" sú, samozrejme, štátni úradníci, ktorí systém riadia. Dbajú o svoju nenahraditeľnosť a odmeňujú sa tučnými platmi.

Osobitné záujmové skupiny nielenže profitujú z veľkorysosti vlád, ale tiež vedia, ako vo svoj prospech ovplyvniť legislatívu na úkor zvyšku spoločnosti. Svedčia o tom nespočetné príklady. Zoberme si dovozné kvóty a licencie, ktoré prinášajú úžitok poľnohospodárskemu sektoru, ale zvyšujú ceny potravín. Alebo odborové zväzy, ktoré spolu s politikmi umelo držia minimálnu mzdu vysoko, čím obmedzujú súťaž na trhu práce. Najviac to postihuje najmenej vzdelaných, ktorí sa nemôžu zamestnať, pretože sú pre firmy príliš nákladní.

Lobistické skupiny vedú nekonečný boj o dotácie, privilégiá a pracovné miesta. Každý sa chce nasýtiť z válova, do ktorého tečú „verejné" zdroje.

Ďalším príkladom sú licenčné zákony, teda šikovný spôsob ako vyradiť neželaných konkurentov. Lekárne ich využívajú na zablokovanie konkurencie zo strany drogérií a internetových dodávateľov. Lekárska profesia blokuje konkurenciu od „nelicencovaných" poskytovateľov zdravotnej starostlivosti. Podobný príklad je systém vládou udeľovaných patentov a autorských práv, prostredníctvom ktorých existujúce spoločnosti, napríklad vo farmaceutickom a zábavnom priemysle, držia nováčikov na uzde.

Ale nemohli by sa voliči proti mimoriadnym privilégiám lobistických skupín vzbúriť? Teoreticky to možné je. V praxi sa to však stáva zriedka, pretože príspevky a výhody, z ktorých privilegované skupiny profitujú, zďaleka prevyšujú náklady jednotlivých členov širokej verejnosti. Ak sa napríklad cena cukru kvôli dovoznému clu zvýši o 3 centy za kilogram, môže to byť veľmi výnosné pre domácich výrobcov cukru (a Štát), ale pre jednotlivých spotrebiteľov sa proti tomu neoplatí protestovať. Osobitné záujmové skupiny sú preto veľmi motivované, aby si svoje výhody zachovali, zatiaľ čo obrovská masa voličov je príliš zaneprázdnená, aby sa nimi zapodievala.

Väčšina ľudí si zrejme ani nie je vedomá, že existuje množstvo týchto lukratívnych dohôd. Pritom všetky takéto machinácie majú za následok značné náklady – a teda nižší životný štandard – pre každého, kto vo Washingtone alebo inom hlavnom meste nemá lobistov. Demokratická politika preto neodvratne degeneruje do prerozdeľovacej mašinérie, prostredníctvom ktorej tie najvplyvnejšie a najlepšie organizované skupiny profitujú na úkor všetkých ostatných. A systém, prirodzene, funguje oboma smermi, pretože lobistické skupiny sa politikom revanšujú prostredníctvom sponzorovania ich politických kampaní.

U nás, v Holandsku, ktoré možno považovať za typický európsky sociálno-demokratický štát, Úrad sociálneho a kultúrneho plánovania (vládny orgán) v správe z augusta 2011 dospel k záveru, že stredné vrstvy profitujú zo štátnych sociálnych dávok menej ako skupiny s vyššími aj s nižšími príjmami. Výskumníci v skutočnosti zistili, že najvyššie príjmové skupiny profitujú zo štátnych dávok najviac! Ich výskum sa vzťahoval len na rok 2007, ale nie je dôvod domnievať sa, že v iných rokoch by bol výsledok odlišný. Spoločenské vrstvy s vyššími príjmami ťažia v Holandsku najmä z dotácií pre vyššie vzdelávanie, príspevkov na starostlivosť o dieťa a umenie.

Mnohí ľudia sa boja, že ak by boli služby ako školstvo, zdravotná starostlivosť, verejná doprava, bývanie, atď. prenechané „silám slobodného trhu", chudobní by si ich nemohli dovoliť. Ale slobodný trh si vie v skutočnosti v tomto zmysle poradiť veľmi dobre. Zoberme si supermarkety, ktoré poskytujú našu najdôležitejšiu životnú potrebu: jedlo. Dodávajú vysokokvalitné produkty s nízkymi cenami a širokou škálou voľby. Slobodný trh prostredníctvom inovácií a trhovej konkurencie umožnil nízkopríjmovým skupinám spoločnosti, ako sú robotníci alebo študenti, aby vlastnili a požívali tovary ako autá, osobné počítače, mobilné telefóny a leteckú dopravu, ktoré predtým boli dostupné len pre bohatých. Keby bola starostlivosť o starších ľudí organizovaná presne tak ako supermarkety, bez zasahovania zo strany Štátu, nedospeli by sme k podobným výsledkom? Seniori a ich príbuzní by sa v takom systéme sami rozhodli, aké služby potrebujú a za akú cenu. Mali by oveľa väčšiu kontrolu nad starostlivosťou, ktorú dostanú, a nad cenou, ktorú za ňu zaplatia.

Neutrpela by kvalita, ak by Štát prestal zasahovať do škôl, nemocníc a odvetvia opatrovateľských služieb? Práve naopak. Aká by bola kvalita našich potravín, keby boli organizované ako naše verejné školy? Od hŕstky „odborníkov" vo Washingtone nemožno očakávať efektívne riadenie veľkých a komplexných sektorov ako školstvo či zdravotná starostlivosť. Svojimi nekonečnými reformami, vyhláškami, výbormi, komisiami, technickou dokumentáciou, smernicami, predpismi a škrtmi v konečnom dôsledku nevytvárajú nič okrem rastúcej byrokracie.

Ozajstní odborníci sú v školách a nemocniciach. O oblasti ich odborného záujmu vedia najviac a sú najschopnejší dané inštitúcie riadiť efektívne. A v prípade, ak ich nebudú spravovať podľa najlepších schopností, na slobodnom trhu jednoducho neprežijú. Z tohto dôvodu by sa v systéme bez vládneho zasahovania kvalita vzdelania a zdravotnej starostlivosti zlepšila, a nie zhoršila. Byrokracia, poradovníky a preplnené učebne by vymizli – rovnako ako na slobodnom trhu máme veľmi málo špinavých supermarketov s nekvalitným jedlom alebo optikov s polročnou čakacou dobou. Neprežili by.

Samozrejme, vždy budú existovať ľudia, ktorí sa sami nevedia uživiť. Títo ľudia pomoc potrebujú. Ale aby sa im jej dostalo, nie je potrebné v našich demokratických systémoch vytvoriť masívnu prerozdeľovaciu mašinériu. Pomoc môže byť organizovaná súkromnými charitatívnymi inštitúciami – alebo kýmkoľvek iným, kto chce podať pomocnú ruku. Domnienka, že na pomoc chudobným a znevýhodneným potrebujeme demokraciu, je zásterkou sebeckých záujmov ľudí, ktorí z demokratickej prerozdeľovacej mašinérie profitujú.

41

Mýtus 7
Demokracia je nevyhnutná pre harmonické spolunažívanie

Ľudia si často myslia, že prostredníctvom demokratického spôsobu rozhodovania sa môžeme vyhnúť konfliktom. Argument v tomto prípade je, že spolunažívanie v mieri predsa nie je možné, ak každý koná len vo vlastnom záujme.

Toto možno platí, keď sa skupina ľudí rozhoduje, či pôjdu do kina alebo na pláž. Ale o väčšine otázok nie je potrebné rozhodovať demokraticky. Demokratické rozhodovanie totižto konfliktom nepredchádza, ale vo väčšine prípadov ich plodí. A síce preto, že v demokracii sa najrôznejšie osobné a sociálne spory menia na kolektívne problémy. Demokracia tak, že núti ľudí podriadiť sa demokratickým rozhodnutiam, vedie k nepriateľským, a nie k harmonickým vzťahom.

> Predstavte si, že by sme demokraticky rozhodovali o množstve a druhoch chleba, ktoré sa každodenne budú piecť. Viedlo by to k nekonečnému lobingu, predvolebným kampaniam, rozporom, schôdzam a protestom.

„Demokraticky" je napríklad rozhodované o tom, čo sa deti musia učiť v škole, koľko peňazí sa použije na starostlivosť o starších ľudí, koľko na pomoc krajinám tretieho sveta, či je povolené fajčiť v krčmách, ktoré televízne stanice sú dotované, ktoré liečebné procedúry sú pokryté zdravotnými poisťovňami, aký vysoký má byť nájom, či ženy môžu nosiť na hlave šatku, ktoré lieky môžu ľudia užívať, atď. Všetky podobné rozhodnutia vyvolávajú medzi ľuďmi konflikty a napätie. Lenže takto vzniknutým konfliktom je možné ľahko predísť. Nechajme ľudí prijímať rozhodnutia samostatne a prevziať individuálnu zodpovednosť za následky ich konania.

Predstavte si, že by sme demokraticky rozhodovali o množstve a druhoch chleba, ktoré sa každodenne budú piecť. Viedlo by to k nekonečnému lobingu, predvolebným kampaniam, rozporom, schôdzam a protestom. Stúpenci bieleho chleba by začali vidieť prívržencov celozrnného chleba ako svojich politických nepriateľov. Ak celozrňáci získajú väčšinu, všetky dotácie na pečivo pôjdu na celozrnný chlieb a biely chlieb môžu dokonca zakázať. A samozrejme naopak.

Demokracia je ako autobus plný ľudí, ktorí sa spoločne musia rozhodnúť, kam ich šofér odvezie. Progresívni hlasujú za San Francisco, konzervatívci preferujú Dallas, libertariáni chcú ísť do Las Vegas, zelení na Woodstock a zvyšok sa chce vydať tisíckami iných rôznych smerov. Autobus nakoniec dorazí na miesto, kam skoro nikto nechcel ísť. A aj keby šofér nesledoval nijaký vlastný záujem a pozorne načúval tomu, čo chcú pasažieri, nikdy neuspokojí všetky ich prania. Má len jeden autobus a prianí je skoro toľko ako cestujúcich.

Aj z tohto dôvodu nováčikovia v politike, ktorí sú spočiatku oslavovaní ako spasitelia, nakoniec vždy ľudí sklamú. Žiadny politik nemôže dosiahnuť nemožné. „Áno, môžeme," sa vždy skončí ako: „nie, nemôžeme." Ani najmúdrejší človek na svete nemôže naplniť protichodné túžby.

Nie náhodou sú politické diskusie medzi ľuďmi často emotívne. Mnoho ľudí sa pri spoločenských udalostiach o politike radšej rozhodne nehovoriť, pretože zvyčajne majú veľmi odlišné predstavy o tom, „ako žiť", no v demokracii musia byť ich názory nejakým spôsobom zosúladené.

Riešenie problému s autobusom je jednoduché. Nechajme ľudí nech sa sami rozhodnú, kam chcú ísť a s kým. Nechajme ich rozhodovať samých, ako chcú žiť, nechajme ich riešiť ich vlastné problémy a formovať vlastné spolky. Nechajme ľudí rozhodnúť, ako zaobchádzať s vlastným telom, mysľou a peniazmi. Veľa našich politických „problémov" sa vyparí ako mávnutím čarovného prútika.

V demokracii sa však deje presný opak. Systém podnecuje ľudí, aby menili svoje individuálne priority na kolektívne ciele, ktoré sú záväzné pre všetkých členov spoločnosti. Nabáda tých, ktorí sa chcú dostať do bodu X, aby sa ostatných pokúsili prinútiť ich nasledovať. Jedným z mimoriadne nešťastných následkov demokratického systému je, že ľudí núti formovať zoskupenia, ktoré sa medzi sebou nevyhnutne dostanú do konfliktu. Dochádza k tomu, pretože len keď ste členom dostatočne veľkého kolektívu (alebo volebného bloku), máte šancu, že sa vaše názory stanú zákonmi. A takto sa starí stavajú proti mladým, poľnohospodári proti obyvateľom miest, imigranti proti domácim, kresťania proti moslimom, veriaci proti ateistom, atď. Čím väčšie sú rozdiely medzi ľuďmi, tým strohejšie sú ich vzájomné vzťahy. Ak jedna skupina verí, že homosexualita je hriechom, a druhá vyžaduje viacej homosexuálnych vzorov v školách a učebných materiáloch, nevyhnutne dochádza ku kolízii.

SCHÉMA VOLEBNÉHO CYKLU

www.russmo.com RUSSMO 11/06

44

Väčšina ľudí si uvedomuje, že náboženská sloboda, ktorá vznikla pred stáročiami, bola praktickou myšlienkou, ktorej cieľom bolo zmiernenie sociálneho napätia medzi náboženskými skupinami. Katolíci už napokon ďalej nemohli diktovať život protestantom a opačne.

Lenže v súčasnosti sa zdá, ako keby si len málo ľudí uvedomovalo, že v dôsledku demokratického systému vzniká napätie, ak zamestnanci môžu zamestnávateľom diktovať spôsob, akým majú viesť vlastné podniky, ak seniori môžu mladých prinútiť platiť za ich dôchodky, ak banky môžu prinútiť občanov vyzbierať sa na straty plynúce z ich mylných investícií alebo ak sú fanatici posadnutí zdravím oprávnení svoje presvedčenia nasilu vnútiť ostatným, atď.

Tiež sa oplatí vlastnú skupinu prezentovať ako slabú alebo znevýhodnenú, prípadne bez hlasovacích práv či diskriminovanú. Je to potom dodatočný argument, ako odôvodniť žiadosti o vládne dotácie a vláde poskytuje ďalšiu zámienku, ako zdôvodniť vlastnú existenciu a prerozdeľovanie štátnej podpory v mene „sociálnej spravodlivosti".

> Vynútená solidarita je protirečenie. Skutočná solidarita v sebe zahŕňa dobrovoľné konanie.

Americký spisovateľ H. L. Mencken prehlásil, že: „Čo si ľudia na tomto svete vážia, nie sú práva, ale privilégiá." Vzťahuje sa to na mnohé spoločenské skupiny a v demokracii to môžeme pomerne jasne vidieť. Zatiaľ čo ženy, černosi a homosexuáli kedysi bojovali za slobodu a rovnoprávnosť, ich novodobí predstavitelia dnes čoraz častejšie požadujú privilégiá ako kvóty, pozitívnu diskrimináciu a antidiskriminačné zákony, ktoré obmedzujú slobodu slova. Hovoria o právach, ale nakoľko sa tieto práva vzťahujú len na určité skupiny, sú v skutočnosti privilégiami. Skutočné práva, akým je sloboda slova, platia pre každého. Privilégiá sa týkajú len určitých skupín a sú založené na nátlaku, pretože môžu byť udelené len výmenou za donútenie ostatných, aby za ne zaplatili.

45

Ďalšou taktikou, prostredníctvom ktorej je v demokratickom systéme možné získať výsady alebo privilégiá, je prezentovanie vlastnej agendy ako nevyhnutej pre záchranu spoločnosti pred nejakou katastrofou. Ak nezachránime podnebie alebo euro alebo banky, spoločnosť je odsúdená na zánik, nastúpi chaos, milióny budú trpieť. H. L. Mencken tiež prekukol tento trik: „Túžba zachrániť ľudstvo je skoro vždy falošnou pretvárkou túžby po vládnutí." Je nutné podotknúť, že v demokracii ľudia pri presadzovaní svojich záujmov nemusia vynaložiť vlastné úsilie alebo peniaze. Môžu obhajovať ilegálnych imigrantov, ak žijú na mieste, kde nimi nie sú obťažovaní. Môžu voliť za dotácie pre orchestre alebo múzeá, pretože vedia, že náklady na dotovanie drahých vstupeniek, ktoré by si inak sami nekúpili, budú hradené ostatnými.

Takto zmýšľajúci ľudia dokonca často manifestujú akýsi závan morálnej nadradenosti. „Nechceme vystaviť umenie slobodnému trhu," vyhlasuje zástanca dotácií pre umenie. Čo má naozaj na mysli je skutočnosť, že on to nechce, a tiež sa domnieva, že zvyšok spoločnosti musí za jeho voľbu zaplatiť.

„My" je najzneužívanejšie slovo v demokracii. Zástancovia nejakého opatrenia vždy prehlasujú: „My niečo chceme; my niečo musíme urobiť; my niečo potrebujeme," alebo: „my máme právo." Ako keby s nimi každý bezvýhradne súhlasil. V skutočnosti ide o to, že oni niečo chcú, ale zároveň za to sami nechcú niesť zodpovednosť. Ľudia tiež napríklad často tvrdia: „My musíme pomôcť krajinám tretieho sveta," alebo: „my musíme bojovať vo vojne v Afganistane." Nikdy nepovedia: „Idem pomôcť krajinám tretieho sveta, kto ide so mnou?" Alebo: „Idem bojovať proti Talibanu." Demokracia ponúka pohodlný spôsob, ako presunúť osobnú zodpovednosť na iných. Keď niekto povie „my" namiesto „ja", očakáva, že 99.999% zodpovednosti za jeho individuálne rozhodnutie budú niesť ostatní.

A politické strany to ochotne podporujú. Svojim voličom (priamo alebo nepriamo) sľubujú, že náklady za ich vytúžené priania bude znášať zvyšok spoločnosti. Preto ľavičiari hovoria: „Voľte nás! Zoberieme peniaze bohatým a dáme ich vám." Naopak pravičiari vyhlasujú: „Voľte nás a budeme financovať vojnu v Afganistane peniazmi tých občanov, ktorí s ňou nesúhlasia." A všetci povedia farmárom: „Voľte nás, postaráme sa, aby za poľnohospodárske dotácie zaplatili nepoľnohospodári."

Je tento systém založený na ochote, dobrej vôli a solidarite, alebo je to systém protispoločenský a parazitický?

Takzvaná solidarita je v demokracii v konečnom dôsledku založená na donucovaní. Lenže vynútená solidarita je vlastne protirečenie. Skutočná solidarita v sebe zahŕňa dobrovoľné konanie. Nemôžeme predsa tvrdiť, že človek, ktorého na ulici okradnú, preukazuje zlodejovi počas lúpeže nejakú solidaritu – a to bez ohľadu na to, aké ušachtilé sú motívy zlodeja.

Vynucovanie solidarity prostredníctvom demokratického systému funguje hlavne preto, lebo tí, ktorí ostatných k solidarite nútia, za ňu nemusia sami zaplatiť. Nikdy neobhajujú myšlienku, že podobné prerozdelenie majetku by malo byť zrealizované v celosvetovom meradle. Ale ak je delenie sa s tými, ktorým sa dostalo menej šťastia, správne, prečo nerozšírime programy sociálnej starostlivosti na celý svet? Nebolo by morálne správne zabezpečiť sociálnu spravodlivosť pre všetkých?

Západní obhajcovia prerozdeľovania si zjavne uvedomujú, že globálna redistribúcia by ich príjmy zmenšila na niekoľko tisíc eur ročne. Ale samozrejme by im neprekážalo „sa spravodlivo podeliť" s bohatšími.

Ak chcete rozdať svoje peniaze, nepotrebujete podporu väčšiny. Stačí sloboda. Môžete si slobodne otvoriť peňaženku a dať toľko, koľko chcete. Môžete podporiť charitu alebo sa spojiť s podobne zmýšľajúcimi ľuďmi a rozdávať spoločne. Ale nútiť ostatných, aby konali rovnako, to naozaj nie je opodstatnené.

Mýtus 8
Demokracia je nevyhnutná pre pocit spolupatričnosti

V demokracii teda každý názorový rozdiel vedie k zápasu o moc a zdroje, pričom v tomto boji jedna skupina profituje na úkor ostatných. Každý sa na Štát obracia s vlastnými požiadavkami a Štát následne ostatných núti, aby ich naplnili. Len sotva to môže byť inak, nakoľko Štát v konečnom dôsledku nie je ničím iným, ako mocenským nástrojom, ktorý funguje na princípe nátlaku.

Výsledkom tohto systému je, že ľudia sú rozmaznaní, od svojich vládcov požadujú stále viac a sťažujú sa, ak nedostanú, čo chcú. No zároveň v podstate nemajú na výber a musia sa do systému zapojiť, pretože ak to neurobia, bude ich vydierať zvyšok populácie. Systém takýmto spôsobom podrýva sebestačnosť ľudí – ich schopnosť postarať sa o seba. A taktiež oslabuje ich ochotu pomáhať iným, nakoľko sú ustavične nútení „pomáhať"' im.

Zmýšľanie ľudí je tak „zdemokratizované", že si už ani neuvedomujú, aké protispoločenské ich činy a myšlienky naozaj sú. Každý, kto chce dnes rozbehnúť športový klub, kultúrne podujatie, škôlku, environmentálnu organizáciu, atď. sa najskôr snaží získať nejakú formu dotácie od miestnej alebo ústrednej štátnej správy. Inými slovami, každý chce, aby ostatní zaplatili za jeho koníčky. Nielenže je to úplne nelogické, pretože ak túto hru nebudete hrať, budete musieť platiť za záľuby iných ľudí a na oplátku nedostanete nič, ale tento systém má tiež pramálo spoločné s myšlienkou komunity, ktorú ľudia zvyčajne s demokraciou spájajú. Je to najmä o prežití najsilnejšieho v boji o daňovú korisť.

Ludwig Erhard, bývalý nemecký kancelár a architekt nemeckého povojnového ekonomického zázraku, sa s týmto problémom demokracie zaoberal: „Ako máme zaručiť trvalý pokrok, keď si čoraz viac osvojujeme životný štýl, kvôli ktorému nikto nie je ochotný za seba prevziať zodpovednosť a každý hľadá bezpečie v kolektivizme? Ak táto mánia bude pokračovať, naša spoločnosť sa zvrhne na spoločenský systém, v ktorom každý bude mať svoju ruku vo vrecku niekoho iného."

> Demokracia je organizácia s povinným členstvom. Ozajstná komunita je založená na dobrovoľnej účasti.

Napriek tomu však môže vyvstať otázka, či by sme nestratili zmysel pre národnú jednotu, ak by sme už nerozhodovali o všetkom „spoločne". Je bezpochyby pravda, že krajina je v určitom zmysle komunitou. Nie je na tom nič zlé – dokonca to môže byť pozitívne. Väčšina ľudí predsa nie sú samotári. Potrebujú spoločnosť a navzájom sa potrebujú aj z ekonomických dôvodov.

Lenže otázka znie, či je demokracia pre tento pocit jednoty nevyhnutná. Ťažko si predstaviť, prečo áno. Keď hovoríme o komunite, máme na mysli niečo viac ako len politický systém. Ľudia medzi sebou zdieľajú svoj jazyk, kultúru a históriu. Každá krajina má svojich národných hrdinov, celebrity a športovcov, ale aj vlastnú literatúru, kultúrne hodnoty, pracovnú morálku a životný štýl. Nič z tohto nie je viazané na demokratický systém. Všetko to existovalo pred demokraciou a nie je dôvod, prečo by to nemohlo existovať aj bez nej.

Zároveň, ani jedna krajina nemá úplne jednotnú kultúru. V každej existujú medzi ľuďmi značné rozdiely. Je množstvo regionálnych a etnických komunít so silnými vnútornými väzbami. A ani na tom nie je nič zlé. V rámci štruktúry slobodnej spoločnosti môžu všetky spoločenské štruktúry a záväzky spolunažívať. Je potrebné si hlavne uvedomiť, že tieto štruktúry a záväzky sú *dobrovoľné*. Nie sú vynútené Štátom a ani byť nemôžu, pretože kultúra a komunity sú organické celky.

Nedajú sa spravovať prostredníctvom štátnej moci a majú len málo spoločného s voľbami.

Rozdiel medzi prirodzenými komunitami a demokraciou je v tom, že demokracia je organizácia s povinným členstvom. Ozajstná komunita je založená na dobrovoľnej účasti. Dobrovoľná komunita, samozrejme, môže mať „demokratické" pravidlá. Členovia tenisového klubu sa môžu rozhodnúť, že budú hlasovať o predsedovi, o výške členského, atď. Nie je na tom nič zlé. Tenisový klub je súkromné združenie a členovia sa môžu slobodne rozhodnúť, či tam vstúpia alebo nie. Ak sa im nepáči, ako je klub spravovaný, môžu vstúpiť do iného alebo si založiť vlastný. Dobrovoľný charakter klubu však zaručí, že bude dobre spravovaný. Ak by sa napríklad vedenie zapojilo do protekcionárstva, mnoho členov by odišlo. Ale v našom demokratickom systéme nemáte možnosť klub opustiť. Demokracia je povinná.

Niekedy od ľudí počujeme: „Miluj ju alebo odíď," keď hovoria o svojej krajine. Lenže to znamená, že krajina patrí Štátu, kolektívu, a že všetci tí, ktorí sa v danej krajine náhodne narodia, sú podľa definície jej poddaní – napriek tomu, že nikdy nemali na výber.

Ak niekoho na Sicílii vydiera mafia, nikto nepovie: „Miluj ju alebo odíď." Ak nejaká krajina uväzní homosexuálov, ľudia im nepovedia: „Nemáte dôvod sa sťažovať, pretože ak sa vám pravidlá nepáčili, mali ste emigrovať." Presne tak ako mafia právoplatne nevlastní Sicíliu, ani USA (alebo ktorúkoľvek inú krajinu) nevlastní nejaká väčšina alebo vláda. Každý človek žije svoj vlastný život a nemal by byť nútený robiť to, čo chce väčšina. Pokiaľ ľudia ostatným neubližujú, či už tak, že páchajú násilie, kradnú alebo podvádzajú, majú právo, aby s vlastnými životmi nakladali, ako chcú. Avšak toto právo im je v našich národných parlamentných demokraciách vo veľkej miere odopreté.

Mýtus 9
Demokracia znamená slobodu a toleranciu

Jedným z najneodbytnejších mýtov o demokracii je, že demokracia je to isté, čo sloboda. Pre mnoho ľudí patria „demokracia a sloboda" k sebe tak, ako k sebe patria mesiac a hviezdy. Ale sloboda a demokracia sú v skutočnosti protiklady. Fakt, že vláda je zvolená väčšinou, je irelevantný. Donucovanie je donucovanie bez ohľadu na to, či je vykonávané väčšinou alebo jediným vládcom.

V našej demokracii sa nikto nemôže vyhnúť rozhodnutiam vlády. Ak sa nepoddáte, dostanete pokutu a ak ju odmietnete zaplatiť, skončíte vo väzení. Také je to jednoduché. Skúste nezaplatiť pokutu za parkovanie. Alebo vaše dane. V tomto zmysle neexistuje žiadny podstatný rozdiel medzi demokraciou a diktatúrou. Pre niekoho ako Aristoteles, ktorý žil v období, kedy demokracia ešte nebola posvätná, to bolo očividné. Napísal: „Neobmedzená demokracia, rovnako ako oligarchia, je len tyrania veľkého množstva ľudí."

Sloboda znamená, že *nemusíte* robiť, čo od vás požaduje väčšina ľudí vo vašom okolí, ale že sa môžete rozhodnúť sami za seba. Ekonóm John T. Wenders raz povedal: „Medzi demokraciou a slobodou je rozdiel. Slobodu nemožno merať možnosťou hlasovať. Meria sa množstvom toho, o čom *ne*hlasujeme."

Toto množstvo je však v demokracii veľmi limitované. Naša demokracia nám nepriniesla slobodu, ale presný opak. Vláda uzákonila nespočetné množstvo zákonov, ktoré znemožňujú množstvo dobrovoľných interakcií a vzťahov medzi členmi spoločnosti. Nájomcovia a majitelia nehnuteľností nemôžu uzatvárať zmluvy tak, ako im to vyhovuje, zamestnávatelia a zamestnanci nie sú takí slobodní, aby sa dohodli sa na takej mzde a pracovných podmienkach, ako si želajú, lekárom a pacientom nie je povolené sa slobodne rozhodnúť, aké procedúry alebo lieky využijú, školy nemôžu učiť to, čo chcú, občania nemôžu „diskriminovať", firmy nemôžu prijať, koho chcú, ľudia nemôžu vykonávať profesiu, ktorú by chceli, v mnohých krajinách musia politické strany povoliť kandidátom ženského pohlavia uchádzať sa o úrad, vzdelávacie inštitúcie sú predmetom rasových kvót a zoznam pokračuje ďalej. Toto všetko má veľmi málo spoločného so slobodou. Prečo ľudia nemajú právo uzatvárať všetky typy zmlúv a dohôd, ktoré chcú? Prečo majú iní právo rozhodovať o dohodách, v ktorých vôbec nefigurujú?

Zákony, ktoré obmedzujú slobodu ľudí uzatvárať dobrovoľné dohody, môžu byť na osoh určitým skupinám, ale vždy poškodia niekoho iného. Zákon o minimálnej mzde prináša úžitok niektorým zamestnancom, ale ubližuje tým ľuďom, ktorí nedosahujú produktivitu na úrovni minimálnej mzdy. Títo ľudia sa tak stanú príliš drahými na to, aby ich zamestnávatelia najali, a preto ostanú nezamestnaní.

Taktiež zákony, ktoré chránia ľudí pred výpoveďou, možno prospievajú niektorým zamestnancom, no odrádzajú zamestnávateľov najímať nových ľudí. Čím prísnejšie je pracovné právo, tým väčší počet zamestnávateľov má dôvod obávať sa, že uviaznu s ľuďmi, ktorých sa nebudú môcť zbaviť, keď si to ich podnikanie bude vyžadovať. Výsledkom je, že zamestnávatelia aj v dobrých časoch najímajú čo najmenej nových zamestnancov. Toto opäť poškodzuje hlavne ľudí s nízkou kvalifikáciou. A výsledná vysoká nezamestnanosť zároveň odrádza tých, ktorí prácu majú, aby zmenili profesijnú dráhu.

Podobne aj zákony regulujúce podmienky nájmu nehnuteľnosti chránia existujúcich nájomcov, ale odrádzajú majiteľov domov a bytov od prenajímania obytných priestorov a investorov od budovania nových nehnuteľností.

Tieto zákony teda vedú k nedostatku bytov a ženú ceny nájomného nahor, poškodzujúc tak ľudí, ktorí si hľadajú miesto na život.

Alebo si zoberme zákony, ktoré diktujú minimálne kritériá kvality výrobkov a služieb. Nie sú vari na úžitok všetkým? Veru nie. Nevýhodou týchto nariadení je, že obmedzujú ponuku, znižujú možnosť výberu pre spotrebiteľov a zvyšujú ceny (teda opäť hlavne poškodzujú chudobných). Napríklad nariadenia prikazujúce bezpečnostné normy pre automobily zvyšujú ich ceny, čím sa stávajú nedostupnými pre najnižšie príjmové skupiny. Tieto skupiny obyvateľstva sú ukrátené o možnosť samostatne sa rozhodnúť, aké riziko chcú na cestách podstúpiť.

Aby sme si vedeli predstaviť, prečo takéto „ochranné" predpisy so sebou prinášajú závažné následky, predpokladajme, že vláda zakáže predaj všetkých áut s nižšou kvalitou, ako má Mercedes Benz. Nezaručilo by to, že všetci budeme jazdiť v tých najlepších a najbezpečnejších autách? Nie. Samozrejme, len tí, ktorí by si mohli dovoliť kúpiť Mercedes, by mohli ďalej jazdiť. Alebo si položme inú otázku: prečo vláda nestrojnásobí minimálnu mzdu? Všetci by sme predsa zarábali oveľa viac, však že? Áno, viac by zarábali tí, ktorí by neprišli o svoje zamestnanie. Ostatní nie. Vláda so svojimi zákonmi nemôže robiť zázraky, i keď si to veľa ľudí myslí.

V demokracii nielenže musíte robiť všetko, čo vám vláda nariadi, ale v podstate na všetko od vlády potrebujete povolenie. V praxi jednotlivcom prináleží stále veľa slobôd, avšak dôraz sa kladie na povoľovanie. Všetky slobody, ktoré nám v demokratickom Štáte patria, sú udelené Štátom a kedykoľvek nám môžu byť odobrané.

Aj keď nikto vládu nemusí žiadať o povolenie pred tým, ako si otvorí fľašu piva, jej súhlas je nepriamo požadovaný.

53

Ak sa naša demokraticky zvolená vláda rozhodne, môže pitie piva zakázať. Počas prohibície v Spojených štátoch sa tak vlastne stalo. Dnes musíte v USA dosiahnuť vek 21 rokov, kým si môžete dať alkoholický nápoj.

Iné demokratické štáty majú podobné pravidlá. Vo Švédsku si tvrdý alkohol môžete kúpiť len v Štátom vlastnených obchodoch. V mnohých iných krajinách je prostitúcia ilegálna. Nórskym občanom dokonca nie je povolené si „sex zakúpiť'" ani mimo Nórska. V Holandsku vám vláda musí vydať povolenie, aby ste si mohli postaviť kôlňu alebo zmeniť fasádu vlastného domu. Toto všetko sú jasné príklady diktatúry, nie slobody.

Niekto môže namietať, že v západných demokraciách si väčšina jednoducho nemôže robiť, čo chce, alebo dokonca, že základnou črtou demokracie je ochrana „práv menšín". Je to mýtus. Áno, v súčasnosti je niekoľko menšín, ktoré

> „Medzi demokraciou a slobodou je rozdiel. Slobodu nemôžno merať možnosťou hlasovať. Meria sa množstvom toho, o čom nehlasujeme."

sa tešia z „ochrany" od Štátu, ako feministky, gejovia a niektoré etnické menšiny. No iné menšiny – ako Mexičania, fajčiari, užívatelia drog, podnikatelia, squatteri alebo kresťania – s prednostným zaobchádzaním rátať nemôžu. Popularita niektorých menšín viac ako s demokraciou súvisí s módnymi trendmi.

Dôvody, prečo sú v demokracii niektoré menšiny zanedbávané a s inými sa zaobchádza prednostne, sú rôzne. Niektoré menšiny sú veľmi hlučné, a hneď ako sú ich „práva" (teda privilégiá) ohrozené, vyjdú do ulíc. Sú to napríklad niektorí zamestnanci vo verejnom sektore alebo odborové zväzy či poľnohospodári vo Francúzsku. S inými sa zaobchádza opatrne, pretože sa od nich pri požiadavke na podriadenie sa pravidlám očakáva agresívna reakcia. Takíto sú napríklad výtržníci na futbalových zápasoch, etnické gangy alebo zelení aktivisti. Keby fajčiari, niekdajšia väčšina, boli zareagovali na pošliapanie svojich slobôd násilne, veľa protifajčiarskych zákonov by pravdepodobne nebolo schválených.

Podstatné je, že v demokratickom systéme alebo v princípe demokracie ako takej nie je nič, čo by zaručovalo práva menšín. Samotný princíp demokracie je, že menšina nemá žiadne neodcudziteľné práva. Parlament alebo Kongres môžu prijať akýkoľvek zákon, aký chcú, bez ohľadu na menšiny. A módne výstrelky sa v tomto ohľade často menia. Protekčná menšina dneška sa môže stať obetným baránkom zajtrajška.

Ale nemajú demokracie na ochranu pred tyranským zákonodarstvom väčšiny ústavu? Majú, do určitej miery. Všimnite si ale, že Ústava Spojených štátov amerických bola prijatá predtým, ako sa stali demokratickou spoločnosťou. A ústava v demokratickom systéme sa môže meniť tak, ako chce väčšina – a veľakrát sa tak stalo. Prohibícia bola schválená ústavným dodatkom. Takisto daň z príjmu. Samotná existencia ústavných dodatkov znamená, že ústava podlieha demokratickej kontrole, teda vláde väčšiny. No ani pôvodná ústava nebola dokonalá. Povoľovala otroctvo.

Ostatné demokratické krajiny majú ústavy, ktoré chránia osobné slobody ešte menej ako ústava USA. Podľa holandskej ústavy musí Štát zaručiť prácu, bývanie, živobytie občanov, zdravotnú starostlivosť, prerozdeľovanie bohatstva, atď. Táto ústava viac ako manifest osobných slobôd pripomína predvolebný program sociálno-demokratickej strany. Európska únia má ústavu, v ktorej sa píše, že „usiluje ... o trvalo udržateľný rozvoj Európy založený na vyváženom hospodárskom raste a cenovej stabilite, o sociálne trhové hospodárstvo s vysokou konkurencieschopnosťou zamerané na dosiahnutie plnej zamestnanosti a sociálneho pokroku, ako aj o vysokú úroveň ochrany životného prostredia a zlepšenie jeho kvality." Tento a iné články v tomto dokumente poskytujú orgánom EÚ veľa voľnosti pri ovládaní životov ľudí. Mimochodom, občania Francúzska a Holandska v referendách hlasovali proti prijatiu tejto ústavy, avšak nakoniec sa aj tak presadila.

O demokracii sa tiež často hovorí, že ide ruka v ruke so slobodou slova, ale opäť je to len mýtus. Ako si to uvedomil už Sokrates, v myšlienke demokracie nie je nič, čo by slobode slova napomáhalo. Demokratické krajiny majú všemožné druhy pravidiel limitujúcich túto slobodu. V Holandsku je zakázané uraziť kráľovnú.

V USA prvý dodatok ústavy zaručuje slobodu slova, avšak „s výnimkou nemravnosti, hanobenia, štvavých prejavov a nabádania k verejným výtržnostiam a tiež obťažovania, dôvernej komunikácie, obchodných tajomstiev, utajených materiálov, autorských práv, patentov, vojenského riadenia, obchodného prejavu, ako je reklama, a obmedzenia času, miesta a spôsobu". To je veľké množstvo výnimiek.

Podstatné však je, že Ústava USA – a sloboda slova, ktorá s ňou prišla – bola uzákonená pred nástupom demokracie. Dôvodom, prečo dnes ľudia v západných demokraciách majú množstvo slobôd, nie je to, že tieto krajiny sú demokratické, ale fakt, že vyrástli na klasicko-liberálnych alebo libertariánskych tradíciách, ktoré sa objavili v 17. a 18. storočí, teda predtým ako sa západné krajiny stali demokratickými spoločnosťami. Hoci je duch slobody neustále rozožieraný duchom demokratického zasahovania do životov jednotlivcov, mnoho ľudí v západných krajinách sa svojich slobôd vzdať nechce.

V iných častiach sveta sú ľudia menej naviazaní na osobné

slobody. Mnoho nezápadných demokracií preukazuje osobnej slobode len veľmi málo rešpektu. V islamských demokratických krajinách ako Pakistan majú málo slobody ženy a neexistuje ani sloboda slova alebo vierovyznania. V týchto krajinách je demokracia ospravedlnením útlaku. Keby bola demokracia zavedená v absolutistických monarchiách ako Dubaj, Katar alebo Kuvajt, s najväčšou pravdepodobnosťou by viedla skôr k obmedzeniu než nárastu osobnej slobody. Palestínčania v Pásme Gazy si demokraticky zvolili fundamentalistický a slobode nie príliš naklonený Hamas (výsledok, ktorý - ironicky - následne nebol uznaný USA a ďalšími demokratickými vládami na západe).

Mýtus 10
Demokracia prispieva k mieru a pomáha v boji proti korupcii

Na globálnej scéne, takmer ako podľa poučky, patria všetky demokratické štáty do tábora tých dobrých, zatiaľ čo zvyšok je zlý. Demokratické systémy predsa vedú k mierumilovnému spolunažívaniu, nie? Nuž, nie tak úplne. Demokracie sú až príliš často vojnovými štváčmi. Spojené štáty americké, najmocnejšia demokracia sveta, začali desiatky vojen. Americká vláda zrealizovala početné prevraty, zosadila iné vlády, podporovala diktátorov (Mobutu, Suharto, Pinochet, Marcos, Somoza, Batista, Mohammad Rezá Šáh Pahlaví, Saddám Husajn, a tak ďalej) a bombardovala bezbranných civilistov. Dokonca atómovými bombami. USA majú v súčasnosti jednotky na viac ako 700 vojenských základniach v 100 krajinách sveta a na „obranu" míňajú približne toľko ako celý zvyšok sveta dovedna.

Demokratická Británia vynašla koncentračné tábory (v Južnej Afrike) a ako prvá potlačila národný odpor vo svojich kolóniách prostredníctvom leteckého bombardovania, ničiac tak celé obce a dediny (v Iraku v 20. rokoch 20. storočia). Demokratické Britské impérium potlačilo v kolóniách množstvo povstaní za nezávislosť, napr. v Afganistane, Indii a Keni. Ihneď po tom, ako bolo demokratické Holandsko Spojencami oslobodené od nacistického útlaku, v Indonézii viedlo vojnu proti ľudu, ktorý sa chcel sám oslobodiť. Francúzsko urobilo to isté v Indočíne. Demokratické krajiny ako Belgicko a Francúzsko viedli veľa špinavých vojen v Afrike (napr. v Belgickom Kongu a Alžírsku). Spojené štáty momentálne stále bojujú vo vojnách v Iraku a Afganistane, ktoré sú sprevádzané mučením a tisíckami nevinných obetí.

Podľa inej verzie tohto mýtu demokracie nevedú vojny

proti sebe navzájom. Bývalá britská premiérka Margaret Thatcherová to vyhlásila počas svojej návštevy v Československu v roku 1990 („Demokracie medzi sebou vojny nezačínajú.") a Bill Clinton sa vyjadril podobne vo svojom prejave v americkom Kongrese v roku 1994 („Demokracie na seba navzájom neútočia."). To znamená, že všetky vojny, v ktorých demokracie bojovali, boli viac-menej oprávnené, pretože neboli namierené proti iným demokraciám, a tiež, že keby bol celý svet demokratický, k žiadnym ďalším vojnám by už nedošlo.

Hoci je pravda, že od druhej svetovej vojny je veľké množstvo „západných" krajín – ktoré sú tiež „demokratické" – zjednotených v NATO a nemajú sklon navzájom na seba útočiť, neznamená to, že ich vzájomná bezkonfliktnosť je spôsobená demokraciou alebo že demokracie boli k sebe navzájom historicky mierumilovné.

V antickom Grécku demokratické mestské štáty medzi sebou bojovali pravidelne. V roku 1898 viedli vojnu USA a Španielsko. Prvá svetová vojna sa viedla proti Nemecku, ktoré nebolo o nič menej demokratické ako Británia či Francúzsko. Demokratická India a demokratický Pakistan medzi sebou od roku 1947 viedli niekoľko vojen. USA sponzorovali antidemokratické puče proti demokraticky zvoleným vládam v Iráne, Guatemale a Čile. Izrael viedol vojny proti demokratickým krajinám ako Libanon a Pásmo Gazy. Demokratické Rusko nedávno bojovalo v konflikte s demokratickým Gruzínskom.

Dôvod, prečo moderné západné demokracie proti sebe navzájom po druhej svetovej vojne nebojovali, súvisí s veľmi konkrétnymi historickými okolnosťami, na základe ktorých je ťažké dospieť k všeobecným záverom. Najdôležitejšou príčinou je, že boli zjednotené vo vojenskej aliancii NATO.

Taktiež existuje „zákon", podľa ktorého „žiadne dve krajiny, v ktorých je reštaurácia McDonald's, proti sebe nikdy neviedli vojnu." Dlho sa zdalo, že je to pravda – až do roku

S demokratickými „právami" prichádzajú demokratické povinnosti. Máte právo voliť a preto tiež povinnosť bojovať pri obrane vašej vlasti.

1999, kedy NATO bombardovalo Srbsko (ďalšími príkladmi proti tomuto tvrdeniu sú invázia Izraela do Libanonu a konflikt medzi Ruskom a Gruzínskom). Ale celé to má takú malú výpovednú hodnotu ako prehlásenia Clintona a Thatcherovej.

Dokonca by bolo možné namietať, že demokracia viedla k *intenzifikácii* vojny. Pred tým, ako sa demokracia stala populárnou, až do 18. storočia, králi vo vojnách bojovali so žoldnierskymi armádami. Neexistovala branná povinnosť a ľudia nemuseli bojovať alebo nenávidieť iné národy.

S nástupom národnodemokratických štátov sa to zmenilo. Vo všetkých demokratických krajinách, po prvýkrát počas francúzskej revolúcie, bola zavedená všeobecná branná povinnosť a celá populácia bola zmobilizovaná na boj proti národom iných krajín. Branci mohli byť nasadení ako potrava pre delá, pretože ich ľahko mohli nahradiť noví branci.

Stavať demokraciu na roveň s nacionalizmom možno pôsobí nefér, ale tieto dve ideológie sa stali populárnymi v rovnakom období z určitého dôvodu. Demokracia znamená vláda „ľudu". Táto predstava v sebe nepochybne skrýva nacionalistické tendencie. S demokratickými „právami" prichádzajú demokratické povinnosti. Máte právo voliť a preto tiež povinnosť bojovať pri obrane vašej vlasti.

Nezabudnime, že katastrofická prvá svetová vojna – ktorá vydláždila cestu pre totalitné štáty 20. storočia a druhú svetovú vojnu – bola do veľkej miery vedená demokratickými alebo semidemokratickými štátmi. Prvá svetová vojna sa odohrala v Európe po tom, ako demokratický nacionalizmus do značnej miery odstavil klasické liberálne myslenie.

V USA sa o vstup do vojny taktiež postarali progresívni demokrati, ktorí ovládli verejnú mienku na konci 19. storočia. USA sa prvej svetovej vojny zúčastnili pod slávnym sloganom prezidenta Wilsona, ktorý znel: „Aby sme svet urobili bezpečným pre demokraciu." Keby Američania boli ostali verní libertariánskym izolacionistickým princípom ich otcov zakladateľov, USA by do vojny nikdy nevstúpili. V takom prípade by vojna pravdepodobne skončila nerozhodne. Spojenci by následne Nemcom nemohli vnútiť mimoriadne ťaživú Versaillskú zmluvu, Hitler by sa možno nikdy nedostal k moci a nedošlo by k druhej svetovej vojne a holokaustu.

Demokracia nevyhnutne nevedie k väčšej „transparentnosti" a ani zodpovednosti, ako sa často tvrdí. Skutočnosť, že politici pre zvolenie potrebujú hlasy, podnecuje korupciu. Aby hlasy dostali, potrebujú pre svojich voličov niečo urobiť. Tento druh korupcie, ktorý je označovaný ako proces „porcovania medveďa", je obzvlášť rozšírený v USA. Americkí politici sa pri snahe získať federálne zdroje alebo programy pre vlastný Štát alebo okres často nezastavia pred ničím. Okrem toho sa tiež často stávajú pešiakmi vplyvných lobistických organizácií, ktoré financujú ich nákladné predvolebné kampane. Navyše „otáčavé dvere" Washingtonu sa stali neslávne povestnými vďaka vplyvným ľuďom, ktorí striedajú pozície medzi politickými funkciami a biznisom (alebo armádou) bez akýchkoľvek výčitiek svedomia.

Ostatné demokratické krajiny prejavujú podobné známky korupcie. V rozvojových krajinách ide demokracia takmer vždy ruka v ruke s korupciou. To isté platí pre krajiny, ako sú Rusko, Taliansko, Francúzsko a Grécko. Korupcia je takmer nevyhnutná všade tam, kde má Štát bez ohľadu na politický systém príliš veľa moci, čo rozhodne platí pre demokraciu.

Mýtus 11
V demokracii ľudia dostanú, čo chcú

Základná myšlienka demokracie spočíva v tom, že ľudia dostanú, čo chcú. Alebo aspoň to, čo chce väčšina. Inými slovami, môžeme sa sťažovať na výsledky našich demokratických systémov, ale koniec koncov teraz máme presne to, čo sme chceli, pretože sme si to sami demokraticky vybrali.

Teória znie dobre, no realita je odlišná. Môžeme napríklad predpokladať, že každý občan je zástancom zvyšovania úrovne vzdelávania. Lenže lepšieho vzdelávania sa nám nedostáva. Čo máme, sú vystresovaní a vyčerpaní učitelia, násilie v školách, školy ako továrne na učenie, študentov neschopných čítať s porozumením, písať a počítať. Ale nie lepšie vzdelávanie.

> Slobodný trh je v istom zmysle „demokratickejší" ako demokracia, pretože občania sa môžu rozhodovať sami za seba, a teda vláda nemusí rozhodovať za nich.

Ako je to možné? Nie je to kvôli nedostatku demokracie; práve naopak, je to výsledok fungovania demokratického systému. Organizácia vzdelávania prostredníctvom demokratického systému znamená, že politici a byrokrati diktujú, ako je riadené a koľko peňazí sa doň investuje. Znamená to, že možnosť rodičov, učiteľov a študentov prijímať vlastné rozhodnutia je minimalizovaná. Štátna intervencia vedie k tomu, že školy a univerzity sú zaplavované plánmi, požiadavkami, pravidlami a nariadeniami ministerstva školstva. Takáto byrokratizácia vzdelávanie nezlepšuje, ale zhoršuje.

Keď sa ľudia na kvalitu vzdelávania sťažujú, politici odpovedajú zavádzaním dodatočných opatrení. Čo iné môžu urobiť? Politikom a byrokratom nenapadne, že by mali prestať zasahovať. Keby prestali zasahovať, nepriamo by priznali, že sú zbytoční alebo dokonca kontraproduktívni a to sa, samozrejme, nikdy nestane. Nie je to v ich záujme.

Nové ustanovenia existujúce problémy zhoršujú, pretože ešte viac obmedzujú rolu študentov, rodičov a učiteľov. Zároveň vedú k väčšej byrokracii a často vytvárajú zvrátené motívy. V Holandsku napríklad byrokrati školám nariadili minimálny povinný počet vyučovacích hodín, údajne ako záruku kvality školského vyučovania. Ale toto nariadenie neriešilo problém nedostatku učiteľov, ktorým školy trpeli, a viedlo to k tomu, že žiaci museli celé hodiny nič nerobiac sedieť v triede. Neprekvapuje, že vláda sa snaží školstvo organizovať prostredníctvom tabuliek. Kvantita je jediná vec, ktorá sa dá merať z diaľky. Kvalite rozumejú len priamo zainteresovaní.

Demokratický systém môžeme porovnať so stavom tovární v bývalom Sovietskom zväze. Boli centrálne riadené a manažované na základe čísel. Napriek (alebo skôr kvôli) všetkej pozornosti, ktorú im Štát venoval, bola kvalita produkcie nízka. Žiadne komunistické auto nemohlo konkurovať modelom vyrobeným na západe. A síce preto, že výroba bola riadená byrokratmi a nie spotrebiteľmi. Ako môže byrokrat vedieť, čo chce spotrebiteľ? Akú má motiváciu na zlepšenie situácie?

Centrálne plánovaná ekonomika v Sovietskom zväze priniesla len malé množstvo technologických alebo kultúrnych inovácií. Koľko vynálezov pochádza z komunistických krajín? Kvalita a inovácia sú výsledkom konkurencie a slobodnej voľby, a nie centrálneho riadenia a štátneho nátlaku. Ak chcú súkromné spoločnosti prežiť, musia súťažiť tak, že čo najviac znížia ceny alebo prostredníctvom inovácií, lepšej kvality tovarov alebo lepších služieb. Štátne podniky takúto motiváciu nemajú, pretože sú kryté peniazmi vlády.

Keďže náš vzdelávací systém je (sčasti) organizovaný ako demokratický systém, je (v tomto zmysle) produktom Štátu, a preto sa ponáša na štátne podniky v bývalom Sovietskom zväze. Tento príklad mimochodom dokazuje, že demokracia neodvratne vedie k určitému stupňu socializmu. Slobodný trh nefunguje na demokratických princípoch. Avšak v istom zmysle je „demokratickejší" ako demokracia, pretože občania sa môžu rozhodovať sami za seba, a teda vláda nemusí rozhodovať za nich.

Čo platí pre školstvo, platí tiež pre iné demokraticky riadené sektory ako zdravotníctvo alebo boj proti kriminalite. Väčšina ľudí chce lepší systém ochrany proti zločinu. Avšak demokracia neposkytuje to, čo ľudia chcú. Ľudia volia politikov, ktorí sľubujú, že zločin porazia, ale výsledkom je zvyčajne len nárast neistoty a trestných činov, nie úbytok.

Politici vždy ponúknu len jedno a to isté riešenie: „Dajte nám väčší objem peňazí a viac právomocí a my problémy vyriešime."

V Holandsku sa miera kriminality na jedného obyvateľa v rozmedzí rokov 1961 až 2001 zvýšila šesťnásobne a každý rok zostane 700 000 trestných činov neobjasnených. V množstve týchto prípadov (minimálne 100 000) polícia pozná páchateľa, ale prípadom sa nezaoberá proste pre nedostatok času alebo záujmu. Policajti musia tráviť väčšinu svojho pracovného času papierovaním. No i napriek tomu si vedia nájsť čas na zatváranie marihuanových fariem a na pokutovanie ľudí za druhoradé dopravné priestupky.

Slabá výkonnosť polície je priamym následkom toho, že je riadená demokraticky. Polícia získala monopol v uplatňovaní práva. Každý vie, že keby ExxonMobil mal monopol na trhu s ropou, cena nafty by vzrástla a úroveň služieb prudko klesla. To isté platí o polícii. Polícia je organizácia, ktorá získa o to viacej peňazí, čím menej chytí zločincov. Ak by bola úspešná v znižovaní miery kriminality, jej rozpočet by sa znížil a policajti by prišli o pracovné miesta. To isté platí pre všetky ostatné vládne organizácie. Avšak nemôžeme viniť ľudí, ktorí v systéme pracujú. Len ten najsvedomitejší a morálne najbezúhonnejší človek by sa správal inak, berúc do úvahy zvrátené podnety, ktoré systém vytvára.

Policajti síce nie sú veľmi dobrí v chytaní kriminálnikov, ale sú veľmi skúsení v inej aktivite: vypĺňaní formulárov. Každý, kto niekedy nahlásil zločin, to môže dosvedčiť. Sotva im však možno niečo vyčítať – sú sústavne bombardovaní novými pravidlami, ktoré musia dodržiavať. Zo 7000 policajtov, ktorí v Holandsku vstúpili do policajného zboru v rokoch 2005 až 2009, len 127 začalo svoju prácu aktívne vykonávať v teréne. Podľa polície je to následkom obrovskej byrokratickej záťaže vyplývajúcej z nariadení vlády.

Aby toho nebolo málo, polícia získava stále viac – a nie menej – právomocí. Platí to obzvlášť v USA, kde po útokoch z 11. septembra orgány činné v trestnom konaní dostávajú stále viac – pochybných – kompetencií. Medzi ne patria napríklad preventívne telesné prehliadky na letiskách, právo odpočúvať telefonáty, mučenie osôb podozrivých z terorizmu a oprávnenie ignorovať právo na súdnu ochranu občanov, ktoré v našom systéme bolo považované za samozrejmosť, ako napríklad habeas corpus.

Existuje alternatíva k takejto bezpečnosti, ktorá je nám vnucovaná? Samozrejme. Alternatívou je systém, v ktorom jednotlivci, firmy, mestské štvrte a mestá získajú väčšiu kontrolu nad vlastnou bezpečnosťou. Monopol polície by mal ustúpiť hospodárskej súťaži medzi bezpečnostnými službami. Ľudia by už nemali byť nútení platiť dane za štátnu políciu, ale mali by mať možnosť najímať si súkromné bezpečnostné firmy. Znížilo by to ceny a zvýšilo kvalitu.

> Organizácia vzdelávania prostredníctvom demokratického systému znamená, že politici a byrokrati diktujú, ako je riadené a koľko peňazí sa doň investuje.

Súkromný bezpečnostný sektor rastie rýchlym tempom dokonca už dnes, pretože ľudia si čoraz častejšie uvedomujú, že sa nemôžu spoliehať na policajnú ochranu.

Čo platí pre vzdelávanie a políciu, sa týka aj ďalších „verejných" sektorov, ako je zdravotníctvo. Demokratické riadenie i v ňom vedie k nízkej kvalite a vysokým cenám. Zatiaľ si ani nevieme predstaviť inovácie, ku ktorým by v zdravotníctve došlo, keby sa skutočne stalo súčasťou slobodného trhu.

Faktom je, že ľudia v demokracii zvyčajne nedostanú, čo chcú. Demokratický princíp jednej veľkosti pre všetkých vedie k centralizácii, byrokracii a monopolizácii (teda k charakteristickým črtám socializmu). Nevyhnutne vedie k nízkej kvalite a vysokým nákladom.

Ak potrebujete dôkaz, že demokracia nemôže naplniť, čo sľubuje, pouvažujte nad tým, že politici v každých voľbách pripustia, že vláda veci zbabrala. Zakaždým sľúbia, že všetko zmenia – vzdelanie, bezpečnosť, zdravotníctvo, atď. – k lepšiemu. . Lenže vždy ponúknu len jedno a to isté riešenie: „Dajte nám väčší objem peňazí a viac právomocí a my problémy vyriešime." K tomu samozrejme nedôjde, pretože dané problémy sú spôsobe mocou a peniazmi tých istých politikov.

Mýtus 12
Všetci sme demokrati

Ak teda demokracia nedokáže zabezpečiť, čo ľudia naozaj chcú, prečo ju väčšina ľudí stále podporuje? Pretože každý rozumne zmýšľajúci občan je demokrat, hoci si občas ponadáva na vládu?

Nuž, o tom druhom tvrdení by sa dalo diskutovať. Či ľudia niečomu naozaj veria, nezáleží na tom, čo *hovoria*, ale ako *konajú*, keď majú možnosť slobodného výberu. Ak je niekto nútený jesť každý deň kuracie mäso a tvrdí, že ho miluje, nie je to veľmi presvedčivé. Vierohodným sa to stáva len vtedy, ak má možnosť ho aj nejesť. To isté platí o demokracii. Demokracia je povinná. Každý musí byť jej súčasťou. Jednotlivci, obce, mestá, kraje, štáty – všetci sa musia podriadiť a nikto z nej nemôže „vystúpiť". Presťahovali by sa ľudia do mesta vzdialeného 20 kilometrov, keby v ňom boli dane nižšie a byrokracia menej dotieravá, aj keby tam nemohli voliť? Mnohí by sa pravdepodobne presťahovali. Mnohí ľudia už volia nohami, a sťahujú sa do prosperujúcich regiónov sveta, kde je len malá miera demokracie alebo žiadna demokracia.

Ak niekto v demokratickom zriadení tvrdí, že je zástancom demokratického systému, znie to ako, keď občan bývalého Sovietskeho zväzu tvrdí, že by si vybral Ladu, aj keby mal možnosť kúpiť si Chevrolet alebo Volkswagen. Možné to je, no nie pravdepodobné. Rovnako ako sovietsky občan, ktorý nemal na výber nič okrem Lady, nemáme okrem demokracie na výber ani my.

V skutočnosti mnohí rozumne zmýšľajúci demokrati by boli bezpochyby šťastní, keby mohli utiecť pred nariadeniami, ktoré si údajne vybrali prostredníctvom volebnej urny. Keby mali ľudia na výber, skutočne by vláde dobrovoľne platili odvody na sociálne zabezpečenie, nevediac, či bude ešte stále existovať v čase, keď pôjdu do dôchodku? Za koľko nekvalitných a predražených štátnych služieb by sa rozhodli dobrovoľne zaplatiť, keby mali možnosť svoje peniaze minúť podľa vlastnej vôle?

Americký ekonóm Walter Williams povedal, že spravidla nechceme, aby sa naše osobné rozhodnutia stali demokratickými rohodnutiami: „Aby sme zdôraznili nehanebnosť, ktorú demokracia a vláda väčšiny predstavujú pre slobodu, položte si len otázku, koľko rozhodnutí v živote by ste chceli robiť demokraticky. Čo tak auto, na ktorom jazdíte, kde žijete, koho si zoberiete, alebo či máte na vďakyvzdanie moriaka alebo šunku? Keby sa tieto rozhodnutia prijímali v rámci demokratického procesu, bežný človek by ich považoval za tyraniu a nie osobnú slobodu. Nejde o takú istú tyraniu, ak sa demokratickým procesom stanoví, či si zakúpite zdravotné poistenie alebo si odložíte peniaze na penziu? Tak pre seba ako aj pre ostatných ľudí na celom svete by sme mali obhajovať slobodu, a nie demokraciu, ktorou sme sa stali, a v ktorej ničomný Kongres urobí čokoľvek pre nahromadenie hlasov väčšiny."

Mnohí stúpenci demokracie v skutočnosti neveria v myšlienky, ktoré propagujú. Vidíme to na pokryteckom správaní demokratických politikov a štátnych úradníkov, ktorí až príliš často nekonajú tak, ako kážu. Spomeňme si na socialistických politikov, ktorí najskôr kritizujú vysoké platy manažérov v súkromnom sektore, no po ukončení svojej politickej kariéry sa zamestnajú v korporáciách. Alebo na politikov, ktorí kážu o požehnaní multikulturalizmu, ale sami žijú v bielych štvrtiach a svoje deti posielajú do bielych škôl. Alebo na politikov, ktorí hlasujú za vojny, ale svoje vlastné deti by do nich nikdy neposlali.

Je niekoľko dôvodov, prečo ľudia tvrdia, že podporujú

demokraciu napriek tomu, že ich správanie svedčí o opaku. Po prvé, ľudia našu relatívnu prosperitu pochopiteľne pripisujú politickému systému, v ktorom žijeme. Sme pomerne bohatí a žijeme v demokracii, takže demokracia musí byť dobrým systémom, približne týmto smerom sa uberajú ich argumenty. Ale toto je mylné. Porovnajme to s tým, čo niektorí obhajcovia Sovietskeho zväzu povedali o Leninovi a Stalinovi. Iste, títo diktátori spáchali zverstvá, ale ľudia by im mali byť napriek všetkému vďační, pretože pod ich vedením došlo v Sovietskom zväze k industrializácii a ku všetkým sa dostala elektrická energia. Ale v Rusku by predsa v 20. storočí elektrifikácia a industrializácia prebehli, aj keby Lenin a Stalin neboli nevládli. Podobne tiež pokrok, o ktorý sme sa ako spoločnosť hromadne pričinili, jednoducho nemôže byť prisúdený nášmu politickému systému. Zoberme si Čínu. Čínske hospodárstvo rastie v závratnom tempe, ale táto krajina vôbec nie je demokratická. Prosperita je založená na miere ekonomických slobôd jednotlivcov a ochrane ich vlastníckych práv, a nie na miere demokracie.

> Demokracia je povinná. Každý musí byť jej súčasťou. Jednotlivci, obce, mestá, kraje, štáty – všetci sa musia podriadiť a nikto z nej nemôže „vystúpiť".

Druhým dôvodom, prečo sú ľudia náchylní podporovať náš systém, je, že si nevedia predstaviť, ako by vyzerali ich životy, keby si mohli nechať všetky peniaze, ktoré zarobia, a nemuseli by platiť dane. Vidíte verejnú diaľnicu „zadarmo", po ktorej jazdíte, ale nevidíte novú nemocnicu, ktorá mohla byť postavená za tie isté peniaze. Tiež si neviete predstaviť dovolenku, na ktorú by ste mohli ísť, keby ste nemuseli zaplatiť za vojnu v Iraku. . Ešte ťažšie si je predstaviť inovácie, ku ktorým by došlo, keby vláda nezasahovala do ekonomiky. Na slobodnom trhu by nepochybne vzniklo množstvo nových a životy zachraňujúcich liečebných postupov, ktoré sú teraz udusené byrokraciou.

Často sa zdá, ako keby vláda kúzelne poskytovala mnoho vecí zadarmo, no skrýva sa za nimi cena, ktorú musíme zaplatiť: všetky nevyužité možnosti – služby, tovary, inovácie – ktoré sa nevytvorili, pretože Štát sa zmocnil zdrojov a určil, ako budú využité. Ľudia vidia len to, čo vláda vykúzli z vládneho klobúka, nie to, čo sa v ňom stratí.

A ešte je tretí dôvod, prečo si všetci myslíme, že sme demokrati – konkrétne preto, lebo nám to neustále hovoria. Školy, médiá, politici – tí všetci nepretržite vysielajú správu, že jedinou možnou alternatívou k demokracii je diktatúra. Vzhľadom na jej nebeské postavenie, ako bašty proti zlu, kto by sa odvážil byť proti demokracii?

Mýtus 13
Niet (lepšej) alternatívy

Ak poviete, že ste proti demokracii, ľudia vás okamžite upodozrievajú, že ste zástancom diktatúry. Ale to je nezmysel. Diktatúra nie je jediná alternatíva k demokracii. Alternatívou ku kúpe auta demokratickou cestou predsa nie je diktátor, ktorý ho kúpi za vás, ale to, že si ho kúpite sami.

Winston Churchill raz povedal: „Demokracia je najhoršia forma vlády - okrem všetkých ostatných, o ktoré sa občas ktosi pokúšal." Inými slovami, demokracia má svoje nevýhody, ale lepší systém nie je. Vo svojej slávnej knihe *Koniec dejín a posledný človek* Francis Fukuyama dokonca písal o „univerzalizácii západnej liberálnej demokracie ako konečnej formy ľudskej vlády". Nič lepšie ako demokracia tu teda podľa všetkého nikdy nebolo.

Akákoľvek kritika demokracie je takto obyčajne zmarená v samom počiatku. Demokracia vraj stojí „nad politickými stranami a ideológiami" a kvôli tomuto božskému postaveniu je iná alebo dokonca lepšia alternatíva nepredstaviteľná. Ale toto je čistá propaganda. Demokracia je špecifická forma politickej organizácie. Nie je dôvod domnievať sa, že demokracia musí byť najlepším organizačným princípom. Vo vedeckej oblasti nevyužívame demokraciu, nehlasujeme o vedeckých pravdách, používame logiku a fakty, a to z rozumných dôvodov. A preto nie je ani dôvod predpokladať, že demokracia je nevyhnutne najlepším systémom v oblasti politiky.

> Alternatívou ku kúpe auta demokratickou cestou predsa nie je diktátor, ktorý ho kúpi za vás, ale to, že si ho kúpite sami.

Prečo by sa ľudia nemohli organizovať inak ako v národnom štáte, v ktorom vládne „ľud"? Napríklad v menších komunitách? Mohli, no naši demokratickí vládcovia sa decentralizácii silne bránia a dokonca ju znemožňujú. Ak je demokracia naozaj takým dobrým systémom, dalo by sa očakávať, že ľudia dostanú možnosť sa slobodne rozhodnúť, aby sa k demokratickému národu pripojili, alebo z neho odišli. Vzhľadom na požehnanie, ktoré demokracia ponúka, by väčšina ľudí určite stála vo fronte na vstup, nie? Ale to nie je pravda. V žiadnej demokratickej krajine, vrátane USA, nie sú štáty alebo regióny oprávnené ísť vlastnou cestou.

Trendom v demokratických krajinách je vlastne presný opak, a teda kurz smerom k čoraz väčšej centralizácii. Napríklad Európa sa postupne mení na demokratický Superštát. Vedie to k pochybným dôsledkom, keď napríklad Nemci teraz môžu rozhodovať, ako by mali žiť Gréci a opačne. V tejto mega-demokracii môžu občania jednej krajiny zaťažiť obyvateľov iných krajín negatívnymi následkami vlastných krátkozrakých hospodárskych politík – presne tak ako občania v nejakej národnej demokracii môžu žiť na úkor svojich spoluobčanov. Niektoré krajiny plytvajú peniazmi – nešetria, rozmaznávajú štátnych úradníkov štedrými dôchodkovými plánmi, vytvárajú nesplatiteľné dlhy – a ak sa im podarí presvedčiť dostatok iných krajín EÚ, môžu prinútiť daňových poplatníkov lepšie spravovaných štátov, aby za nich zaplatili účet. Toto je logika demokracie na európskej úrovni.

Čím väčší je demokratický štát, a čím rôznorodejšia je populácia, tým väčšie napätie vzniká. Rozmanité skupiny v takomto štáte nebudú dlho váhať a využijú demokratický proces na drancovanie majetku a zasahovanie do životov iných ľudí v najväčšej možnej miere, a to všetko v ich vlastný prospech. Čím menšie sú administratívne celky, a čím je obyvateľstvo homogénnejšie, tým vyššia je šanca, že demokratické výstrelky sa minimalizujú. Ľudia, ktorí sa poznajú alebo sa navzájom cítia byť spätí, sa budú akiste menej okrádať a vzájomne utláčať.

Preto by bolo dobré, dať ľuďom možnosť „administratívneho odčlenenia sa". Keby sa mohol New Hampshire odčleniť od USA, mal by oveľa viac slobody organizovať veci inak, ako napríklad v Kalifornii. Mohol by zaviesť vlastný daňový systém, ktorý by mohol byť vhodný tak pre zamestnávateľov ako pre zamestnancov. Regióny by si konkurovali a zákony by boli vo väčšom súlade s tým, čo chcú ľudia. Tí by mohli „voliť" nohami, presťahovali by sa do iného štátu. Vláda by bola oveľa dynamickejšia a menej byrokratická. Regióny by sa od seba navzájom mohli učiť, pretože by mohli experimentovať s rôznymi politikami.

Napríklad sociálne zabezpečenie pre chudobných môže byť na lokálnej úrovni zorganizované oveľa efektívnejšie. Lokálna kontrola zabraňuje zneužívaniu a je najlepšou zárukou, že pomoc dostanú tí, ktorí ju naozaj potrebujú, a že peniaze sa neminú na príživníkov. Odstavenie národnodemokratického sociálneho štátu je dôležité aj pre úspešnú integráciu menšín. Dnes veľa imigrantov jednoducho žije zo sociálnych dávok. To sú tí imigranti, ktorých nikto nechce. Ale väčšine ľudí nevadia imigranti, ktorí sa vedia postarať sami o seba a sú ochotní prispôsobiť sa.

Mimochodom, Churchill tiež povedal: „Najlepší argument proti demokracii je päťminútový rozhovor s bežným voličom."

II. Kríza demokracie

Demokracia možno začala ako úžasný ideál o splnomocnení ľudu, ale po 150 rokoch praxe máme výsledky, a tie nie sú priaznivé. Už je zrejmé, že demokracia je skôr tyranskou ako oslobodzujúcou silou. Západné krajiny nasledovali dráhu socialistických krajín a stali sa stagnujúcimi, skorumpovanými, despotickými a zbyrokratizovanými. Ako sme sa snažili dokázať v predošlej kapitole, nestalo sa tak preto, že demokratický ideál bol rozvrátený, ale práve naopak – preto, že tento ideál je vo svojej podstate kolektivistický.

Ak chcete pochopiť, ako demokracia naozaj funguje, zvážte nasledovný príklad: George Papandreou, grécky socialistický politik, vyhral vo svojej krajine v roku 2009 voľby s jednoduchým sloganom: „PENIAZE SÚ!" Jeho konzervatívni oponenti znížili mzdy štátnych úradníkov a niektoré ďalšie verejné výdavky. Papandreou vyhlásil, že to nebolo potrebné. „Lefta yparchoun," znela jeho predvolebná výzva – peniaze sú. Voľby vyhral ľahko. V skutočnosti žiadne peniaze samozrejme neboli – alebo lepšie povedané, peniaze museli byť dodané daňovníkmi z iných krajín Európskej únie. Lenže v demokracii má väčšina vždy pravdu, a keď zistia, že si môžu odvoliť bohatstvo, nevyhnutne tak urobia. Očakávať, že by konali inak, je naivné.

Grécky príklad je tiež dôkazom toho, že v demokracii sa ľudia prirodzene obracajú na Štát, aby sa o nich postaral. Demokratická vláda znamená vláda Štátu. Ľudia budú preto na Štát nepretržite klásť požiadavky. Budú čoraz závislejší na vláde riešiacej ich problémy a na vláde riadiacej ich životy. Nech narazia na akýkoľvek problém, budú od nej očakávať, že ho vyrieši. Obezita, drogová závislosť, nezamestnanosť, nedostatok učiteľov alebo sestier, pokles návštevnosti múzeí, čokoľvek; Štát má byť pri tom a niečo s tým urobiť. Čokoľvek sa stane – požiar v divadle, pád lietadla, krčmová bitka – ľudia očakávajú, že vláda dolapí vinníkov a zariadi, aby sa nič podobné už nikdy neopakovalo. Ak prídu o prácu, očakávajú, že vláda „vytvorí nové pracovné miesta". Ak stúpnu ceny pohonných hmôt, chcú, aby s tým vláda niečo urobila. Na YouTube je video zachytávajúce rozhovor so ženou, ktorá práve počula prejav prezidenta Obamu, a takmer plače od radosti. V zapätí vykríkne: „Už sa nebudem musieť trápiť s platením nafty do auta alebo platením hypotéky!" Demokracia plodí takýto typ myslenia.

A politici sú pomerne ochotní poskytnúť to, čo ľudia od nich požadujú. Sú ako ten povestný človek, ktorý má iba kladivo a na všetko sa díva ako na klinec, ktorý treba zatĺcť. Politici si tiež myslia, že vedia vyriešiť každý problém v spoločnosti. Koniec koncov je to dôvod, prečo boli zvolení. Sľubujú, že „vytvoria pracovné miesta", znížia úrokové sadzby, zvýšia kúpnu silu ľudí, urobia vlastníctvo domov a bytov dostupné aj pre tých najchudobnejších, skvalitnia vzdelávanie, postavia ihriská a športoviská pre deti, zaručia, že všetky tovary a pracoviská budú bezpečné, každému poskytnú spoľahlivú a cenovo dostupnú zdravotnú starostlivosť, postarajú sa, aby z ciest zmizli dopravné zápchy, z ulíc zločin, z mestských štvrtí vandalizmus, vo svete obránia naše „národné" záujmy, na planéte presadia „medzinárodné právo", všade podporia emancipáciu a boj proti diskriminácii, zaistia, aby potraviny boli bezpečné a voda čistá, „zachránia klímu", urobia krajinu najčistejšou, najzelenšou a najinovatívnejšou vo svete a zo zeme vyženú hlad. Naplnia naše sny a požiadavky, ochránia nás od kolísky až po hrob, zaručia, že budeme šťastní a spokojní od skorého rána do neskorého večera – a, samozrejme, znížia rozpočet a dane.

Toto sú sny, z ktorých je demokracia vytvorená.

Hriechy demokracie

V praxi to očividne nemôže nikdy fungovať. Vláda to všetko nemôže dosiahnuť. Politici napokon urobia len tie veci, ktoré urobiť môžu, a to je:

1. Hádzať na problémy peniaze
2. Vytvárať nové predpisy a nariadenia
3. Zriadiť výbory pre dohľad nad za vedením nových nariadení

Politici naozaj nemôžu urobiť nič iné. Dokonca za svoje aktivity ani nemôžu zaplatiť účty, ktoré musia hradiť daňoví poplatníci.

Dôsledky tohto systému okolo seba vidíte každý deň:

Byrokracia. Demokracia zrodila všade veľké byrokracie, ktoré nad našimi životmi vládnu prostredníctvom svojich neustále sa svojvoľne zväčšujúcich právomocí. Keďže oni sú vládou, vedia sa ochrániť pred drsnou ekonomickou realitou, ktorej čelia ostatní. Ich rezorty nikdy neskrachujú, sami sebe dajú sotva vyhadzov a pretože oni sú aj zákonom, zriedkakedy sa s ním dostanú do konfliktu. Zároveň svojimi pravidlami a reguláciou kladú na ostatných obrovskú záťaž. Začínajúce podniky majú všade veľa prekážok a odrádza ich veľké množstvo zákonov a byrokratických výdavkov. Existujúce firmy tiež trpia pod váhou byrokracie. Podľa Správy malých podnikov (Small Business Administration) – všimnite si, že ide o orgán vlády – predstavujú náklady spojené s napĺňaním smerníc a nariadení v USA 1,75 biliónov dolárov ročne (na základe článku vo Wikipédii). Chudobní a najmenej vzdelaní týmto systémom trpia najviac: nemôžu si nájsť zamestnanie, pretože sa v dôsledku zákonov o minimálnej mzde a iných, ktoré zvyšujú mzdové náklady, nachádzajú mimo trhu práce. Veľmi zložité je pre nich aj založenie vlastných firiem, pretože sa nevyznajú v byrokratickej džungli.

Parazitizmus. Okrem byrokratov a politikov existuje ďalšia skupina ľudí, ktorá sa má vďaka demokratickému systému veľmi dobre: tí, ktorí vedú firmy a inštitúcie, čo za svoju existenciu vďačia veľkorysosti vlád alebo osobitným privilégiám. Spomeňme si na manažérov spoločností vo vojensko-priemyselnom komplexe a banky a finančné inštitúcie podporované Federálnym rezervným systémom. Ale tiež na ľudí v „dotovaných sektoroch" – kultúrnych inštitúciách, verejnej televízii, humanitárnych agentúrach, environmentálnych skupinách, a tak ďalej – nehovoriac o celom cirkuse „medzinárodných organizácií". Mnoho z týchto ľudí má lukratívne pracovné miesta, za ktoré vďačia svojim blízkym vzťahom s vládami alebo vládnymi agentúrami. Toto je forma inštitucionalizovaného parazitizmu, ktorému napomáha a ktorý podnecuje náš demokratický systém.

Megalománia. Frustrovaní vlastnou neschopnosťou naozaj zmeniť spoločnosť, vládni politici pravidelne spúšťajú megaprojekty na oživenie nejakého upadajúceho priemyselného sektora alebo so zámerom slúžiť nejakému inému šľachetnému úmyslu. Tieto činy vždy problémy len sťažujú a zakaždým sú oproti pôvodnému plánu oveľa nákladnejšie. Spomeňme si na reformy vzdelávania, reformy v zdravotníctve, infraštruktúrne projekty a žrútov peňazí v oblasti energetiky ako etanolový program v USA alebo projekty veterných elektrární pri pobreží Európy. Vojny sa dajú tiež chápať ako vládne „verejné projekty", ktoré slúžia na odvrátenie pozornosti od domácich problémov, vyburcovanie podpory verejnosti pre vládu, vytvorenie pracovných miest pre sociálne najslabšiu vrstvu a nasmerovanie obrovských ziskov vybraným firmám, ktoré na oplátku sponzorujú predvolebné kampane politikov a dokonca tým istým politikom otvárajú dvere k pracovným pozíciám, keď prídu o mandát. (Pravdaže, politici nikdy sami nebojujú

79

vo vojnách, ktoré začnú.)

Welférizmus (Sociálny štát). Politici vymenovaní na boj proti chudobe a sociálnej nerovnosti majú pocit, že neustále zavádzanie nových programov pre sociálne zabezpečenie (a nových daní, z ktorých sa za ne platí) je ich svätou povinnosťou. Slúži to nielen ich vlastným záujmom, ale tiež záujmom byrokratov zodpovedným za realizáciu projektov. Sociálne zabezpečenie dnes zaberá podstatnú časť verejných výdavkov vo väčšine demokratických krajín. V Británii vláda vynakladá na sociálne dávky tretinu svojho rozpočtu. V Taliansku a Francúzsku sa toto číslo blíži k 40%. Množstvo sociálnych organizácií (napr. odbory, verejné dôchodkové fondy, štátne úrady práce) majú záujem zachovať a rozširovať sociálny štát. Pre spôsob fungovania demokratickej vlády je typické, že neponúka možnosť výberu a s občanmi nevstupuje do zmluvného vzťahu. Všetci musia platiť vysoké poplatky na poistenie v nezamestnanosti a pre účel sociálneho zabezpečenia, ale nikto nevie, aké dávky mu budú v budúcnosti naozaj vyplatené. Peniaze, ktoré ľudia doposiaľ zaplatili, sa už minuli. Blížiaci sa debakel sociálneho zabezpečenia je najviac do očí bijúcim príkladom tohto typu rozhadzovačnosti. A majte na pamäti, že sociálne dávky nepoberajú len „znevýhodnení". Veľká časť z balíka „sociálneho zabezpečenia" ide bohatým, napríklad bankám, ktoré boli pred bankrotom zachránené sumou až 700 miliárd dolárov (a následne si ich výkonné rady udelili štedré prémie).

Protispoločenské správanie a kriminalita. Demokratický sociálny štát podnecuje nezodpovednosť a asociálne

Hlavnou motiváciou pre politikov v demokracii je túžba byť znovuzvolený. Ich obzor preto zvyčajne nepresahuje dátum najbližších volieb.

80

správanie. Ľudia, ktorí sa správajú nemravne, nedodržujú sľuby alebo konajú bez ohľadu na ostatných, v slobodnej spoločnosti stratia podporu a pomoc od svojich priateľov, okolia a rodiny. Lenže, bohužiaľ, náš sociálny štát im hovorí: „Ak ti už nikto nechce pomôcť, my ti pomôžeme!" Ľudia sú teda za protispoločenské správanie odmeňovaní. Keď si zvyknú na to, že vláda im poskytne všetko, čo potrebujú, vypestujú si mentalitu príživníkov, ktorí nechcú peniaze získať prácou. Aby toho nebolo málo, prísne zákonníky práce (ako aj antidiskriminačné zákony) zamestnávateľom sťažujú prepúšťanie zamestnancov, ktorí nepodávajú požadovaný výkon. Vylúčenie študentov alebo prepúšťanie učiteľov, ktorí sa správajú neprístojne alebo dosahujú nedostatočné výsledky, je vďaka nariadeniam vlád takmer rovnako nemožné. Vysťahovanie nájomcov štátnych bytov, ktorí obťažujú svojich susedov, je kvôli vládnej regulácii tiež veľmi zložité. Kvôli antidiskriminačným zákonom je nemožné do nočných podnikov zakázať vstup ani neprístojne sa správajúcim skupinám. A aby sme do rany pridali soľ, vlády často zriaďujú drahé pomocné programy zamerané na antisociálne skupiny, ako sú napríklad futbaloví chuligáni. Kriminalita je teda podnecovaná a odmeňovaná.

Expanzia sociálneho štátu

Percentuálny podiel obyvateľov USA žijúcich v domácnostiach, ktoré poberajú nejakú formu štátnej podpory

Zdroj: U.S. Census Bureau   Rok

Tuctovosť a nízke štandardy. Pretože väčšina je v každej spoločnosti zvyčajne chudobnejšia ako jej úspešnejší a schopnejší členovia, v demokracii je na politikov nevyhnutne vyvíjaný tlak, aby prerozdeľovali zdroje – sú nútení bohatým brať a dávať chudobným. Podnikateľský úspech a jedinečnosť sú týmto spôsobom trestané pomocou progresívnych daní. Od demokracie je teda možné očakávať, že vedie k prispôsobovaniu spoločnosti menej inteligentným a k znižovaniu všeobecných kultúrnych noriem. Kde vládne väčšina, tam sa priemer stáva pravidlom.

Kultúra nespokojnosti. Súkromné nezhody sa v demokracii vždy menia na sociálne konflikty, pretože Štát zasahuje do všetkých osobných a spoločenských vzťahov. Čokoľvek sa niekde pokazí, od zle fungujúcej verejnej školy až po miestne nepokoje, prerastie to do celonárodného (alebo dokonca medzinárodného) problému, pre ktorý politici musia nájsť riešenie. Každý sa cíti byť pobádaný a vedený, aby svoj svetonázor vnucoval ostatným. Skupiny, ktoré sa cítia byť ukrivdené, stavajú barikády a organizujú protesty alebo štrajky. Toto navodzuje všeobecný pocit frustrácie a nespokojnosti.

> Súkromné nezhody sa v demokracii vždy menia na sociálne konflikty, pretože Štát zasahuje do všetkých osobných a spoločenských vzťahov.

Krátkodobosť. Hlavnou motiváciou pre politikov v demokracii je túžba byť znovuzvolený. Ich obzor preto zvyčajne nepresahuje dátum najbližších volieb. Demokraticky zvolení politici navyše pracujú s prostriedkami, ktoré im nepatria, a ktoré majú k dispozícii len dočasne. Míňajú peniaze iných ľudí. Znamená to, že pri svojej práci nemusia byť dôkladní a nemusia myslieť na budúcnosť. Z týchto dôvodov v demokracii prevláda krátkodobá politika. Istý bývalý holandský minister sociálnych vecí raz povedal: „Politickí lídri by mali vládnuť tak, akoby už ďalšie voľby neboli. Tak by mohli získať dlhodobý pohľad na veci." Ale toto, samozrejme, urobiť nemôžu. Americký spisovateľ Fareed Zakaria sa v jednom rozhovore vyjadril takto: „Myslím si, že v západnom svete čelíme naozajstnej kríze. Vo všetkých západných spoločnostiach môžeme pozorovať zásadnú neschopnosť urobiť jednu dôležitú vec, a tou je využiť krátkodobú bolesť pre dlhodobý zisk. Vždy, keď sa vláda snaží navrhnúť nejaký druh bolestivých opatrení, dôjde k vzbure. A vzbury bývajú väčšinou úspešné." Keďže ľudia sú v demokracii povzbudzovaní, aby sa správali ako príživníci, a keďže politici sa nesprávajú ako vlastníci, ale ako nájomníci, pretože funkciu zastávajú len dočasne, tento výsledok by nemal byť prekvapivý. Človek, ktorý si niečo len prenajíma, má v porovnaní s majiteľom oveľa menšiu motiváciu, aby bol dôkladný a myslel dlhodobo dopredu.

Prečo sa veci zhoršujú?

Teoreticky si ľudia môžu zvoliť iný, menej byrokratický a menej nehospodárny systém. V praxi je to však nepravdepodobné, pretože zachovanie systému je v osobnom záujme príliš veľkej skupiny ľudí. A keďže sa vláda pomaly zväčšuje, zväčšuje sa s ňou aj táto skupina. Významný rakúsky ekonóm, Ludwig von Mises, upozornil, že predovšetkým byrokrati sa budú akejkoľvek zmene v systéme brániť zubami-nechtami. „Byrokrat nie je len štátny zamestnanec," napísal Mises, „podľa demokratickej ústavy je v rovnakom čase voličom, a teda súčasťou zvrchovaného vládcu, svojho zamestnávateľa. Je v nezvyčajnej pozícii: je zamestnávateľom i zamestnancom zároveň. A jeho finančný záujem v pozícii zamestnanca je nadradený jeho záujmu v polohe zamestnávateľa, pretože z verejných fondov dostáva oveľa viac, ako do nich prispieva. Tento dvojitý vzťah sa stáva ešte závažnejším, keď počet ľudí na výplatnej páske vlády stúpa. Byrokrat sa bude ako volič oveľa horlivejšie usilovať o získanie vyššieho platu, než o udržanie vyrovnaného rozpočtu. Jeho hlavným záujmom je navýšenie vlastnej mzdy."

Ekonóm Milton Friedman rozdelil peňažné výdavky na štyri typy. Prvým je, keď míňate vlastné peniaze na seba. Máte motiváciu hľadať kvalitu a utrácať efektívne. Takto sa vo všeobecnosti používajú peniaze v súkromnom sektore. Druhým typom je, keď míňate svoje peniaze na niekoho iného, napríklad, keď niekomu kupujete večeru. Zaiste vám záleží na sume, ktorú zaplatíte, ale o kvalitu sa už zaujímate menej. Tretím typom je, keď používate peniaze niekoho iného na seba, ako napríklad, keď je váš obed hradený z firemného účtu. Budete sa snažiť vybrať si čo najlepší obed, no na jeho cenu budete prihliadať menej. Posledným typom je míňanie cudzích peňazí na niekoho iného. Nemáte najmenší dôvod zaujímať sa o kvalitu a ani o cenu. A takto spravidla vláda míňa vaše dane.

Politici sa málokedy musia zodpovedať za opatrenia, ktoré zaviedli, a ktoré sa z dlhodobého hľadiska prejavili ako škodlivé. Zvyčajne sa im dostane uznania za dobré úmysly a za počiatočné pozitívne výsledky programov. Dlhodobé negatívne následky (napríklad dlh, ktorý musí byť splatený) budú zodpovednosťou ich nástupcov. Naopak, politici majú malú motiváciu pracovať na programoch, ktoré povedú k výsledkom, keď už nebudú pri moci, pretože tie budú pripísané v prospech budúcich lídrov.

Demokratické vlády teda bez rozdielu míňajú viac peňazí, ako dostávajú. Tento problém riešia zvyšovaním daní alebo ešte lepšie – keďže ľudí nové dane zvyčajne rozčuľujú – riešia ho požičiavaním alebo jednoducho tlačením nových peňazí. (Vlády si zvyknú požičiavať od svojich obľúbených bánk, ktorým potom poskytnú finančnú pomoc, ak sa neskôr priveľmi zadĺžia.) Málokedy znižujú svoj vlastný rozpočet. Keď hovoria o „znižovaní", väčšinou majú na mysli pomalší *nárast* výdavkov.

Vlády míňajú cudzie peniaze na iných ľudí, preto nemajú žiadny dôvod zaujímať sa o kvalitu a ani o cenu.

Tlačenie peňazí pochopiteľne vedie k inflácií, a teda k neustálemu klesaniu hodnoty úspor ľudí. Požičiavanie peňazí spôsobuje nárast dlhu a vedie k tomu, že budúce generácie budú platiť úroky. V súčasnosti narástli verejné dlhy skoro všetkých demokratických krajín sveta do takej miery, že s veľkou pravdepodobnosťou nebudú nikdy splatené. Horšie však je, že inštitúcie, ako sú dôchodkové fondy, nakúpili závratné množstvá verejných dlhov na základe predpokladu, že to bude dobrá dlhodobá investícia. To je krutý vtip. Mnoho ľudí nikdy nedostane dôchodok, s ktorým rátali, pretože peniaze, ktoré odviedli do svojich dôchodkových fondov, už boli premárnené.

Napriek všetkým problémom, ktoré nám demokracia spôsobuje, stále dúfame a veríme, že po ďalších voľbách sa všetko zmení. Uviazli sme preto v začarovanom kruhu: systém neprináša, čo sľubuje, ľudia sú frustrovaní a požadujú nápravu, politici zintenzívňujú svoje sľuby, očakávania sa zvyšujú, nevyhnutné sklamania narastajú a tak ďalej. Občania v demokracii sú ako alkoholici, ktorí, aby sa opili, musia vypiť čoraz väčšie množstvo, a to zakaždým vedie k väčšej opici. Miesto toho, aby si uvedomili, že by sa mali alkoholu strániť, ho chcú viac a viac. Úplne zabudli, ako si na seba dávať pozor a už nie sú zodpovední za vlastný život.

Prečo potrebujeme menej demokracie

Otázka je, ako dlho táto situácia môže pokračovať, ak do úvahy zoberieme spoločenskú nespokojnosť a nestálosť politického a ekonomického systému. Veľa ľudí si uvedomuje, že so systémom niečo nie je v poriadku. Politici a mienkotvorné osobnosti nariekajú nad trieštením politickej scény, prelietavosťou voličov a povrchnosťou a senzáciechtivosťou médií. Občania sa sťažujú, že politici im nenačúvajú, že nedostávajú, čo im bolo sľúbené, že parlament je len šaráda, výsmech dobrej správy vecí verejných. Bohužiaľ, z problémov vinia len nedobrých politikov alebo postranné záležitosti ako imigrácia alebo globalizácia, a nie nedostatky späté s demokratickým systémom ako takým.

Momentálne v podstate nikto nevie, ktorým smerom sa vydať. Všetci majú obmedzený horizont a ten sa nazýva demokracia. Jediné „riešenie", ktoré si ľudia dokážu predstaviť, je „viac demokracie", t. j.

> Občania v demokracii sú ako alkoholici, ktorí, aby sa opili, musia vypiť čoraz väčšie množstvo, a to zakaždým vedie k väčšej opici.

väčšie zasahovanie zo strany vlády. Pijú mladí príliš veľa alkoholu? Zvýšte minimálny vek na jeho konzumáciu! Sú chronicky chorí v opatrovateľských ústavoch zanedbávaní? Pošlite viac inšpektorov! Neinovuje sa dostatočne? Zriaďte vládny Výbor pre dohľad nad inováciami! Učia sa deti v školách príliš málo? Nariaďte viac testov! Je zločin na vzostupe? Zriaďte nové ministerstvo! Regulujte, zakazujte, vyžadujte, odrádzajte, kontrolujte, dohliadajte, rozmaznávajte, reformujte a predovšetkým – hádžte na problémy peniaze.

A čo ak to všetko nebude fungovať? Nakoniec bude volanie po Veľkom Vodcovi vyslyšané, po silnom jedincovi, ktorý skoncuje so všetkým tým kotkodákaním a nastolí právo a poriadok. Má to istú logiku. Ak všetko musí byť regulované Štátom, prečo to nerobiť poriadne, cez osobu nejakého dobrotivého diktátora? Preč s tým nekonečným váhaním, nerozhodnosťou, roztržkami a neefektívnosťou. Lenže toto by bola zmluva s diablom. Dostali by sme právo a poriadok, to je pravda. Ale cenou by bol koniec slobody, dynamiky a rastu.

Našťastie existuje iná cesta, aj keď si ju veľa ľudí vie len ťažko predstaviť. Tou cestou je: Menej demokracie. Menej Štátu. Viac osobnej slobody.

Ako by tento libertariánsky ideál mohol vyzerať v praxi, je predmetom poslednej kapitoly tejto knihy.

III. Smerom k novej slobode

Je ilúziou myslieť si, že problémy, ktorým naša spoločnosť čelí, sa dajú vyriešiť „väčšou mierou" demokracie. A tobôž, že demokracia je tým najlepším možným systémom.

Demokracia vznikla v čase, keď vláda bola relatívne malá. Lenže jeden a pol storočia demokratickej praxe viedlo vo všetkých demokratických krajinách k ohromnej expanzii Štátu. V súčasnej situácii by sme sa nemali obávať len Štátu, ale aj spoluobčanov, ktorí nás môžu zotročiť prostredníctvom hlasovacích urien.

Slepá viera v demokraciu nebola v našej spoločnosti vždy taká samozrejmá. V skutočnosti predstavuje pomerne nedávny fenomén. Mnohých čitateľov to môže prekvapiť, ale veľkí otcovia zakladatelia Spojených štátov – ľudia ako Benjamin Franklin, Thomas Jefferson a John Adams – sa bez výnimky zasadzovali proti demokratickému systému. „Demokracia," povedal Benjamin Franklin, „je vtedy, keď dvaja vlci a jedno jahňa hlasujú, čo bude na večeru." „Sloboda," dodal, „je, keď dobre ozbrojené jahňa odmieta hlasovať." Thomas Jefferson povedal: „Demokracia nie je nič iné než vláda davu, kde 51% ľudu môže odobrať práva ostatným 49%."

A sotva boli jediní. Väčšina klasicko-liberálnych a konzervatívnych intelektuálov 18. a 19. storočia, vrátane slávnych mysliteľov ako Lord Acton, Alexis de Tocqueville, Walter Bagehot, Edmund Burke, James Fenimore Cooper, John Stuart Mill a Thomas Macaulay, bola proti demokracii. Slávny konzervatívny spisovateľ Edmund Burke napísal: „Som si istý, že v demokracii je väčšina občanov schopná uplatňovať nad menšinou ten najkrutejší útlak ... a že toto utláčanie menšiny sa bude týkať oveľa väčšieho množstva ľudí a bude prebiehať s oveľa väčším hnevom, akého by sme sa museli obávať za vlády jedného žezla."

Thomas Macalauy, známy britský liberálny mysliteľ, vyjadril podobný postoj: „Dlhodobo som presvedčený, že inštitúcie čisto demokratické musia skôr či neskôr zničiť slobodu alebo civilizáciu alebo obe." Erik Ritter von Kuehnelt-Leddihn vo svojej knihe *Sloboda alebo rovnosť* (1951) dokazuje, že takéto názory boli v tomto období bežne akceptované.

Avšak koncom 19. a začiatkom 20. storočia bol klasicko-liberálny ideál postupne zatlačený do úzadia a nahradený vierou v kolektivizmus – predstavou, že jednotlivec je podriadený skupine. Liberalizmus bol nahradený rôznymi formami kolektivizmu – komunizmom, socializmom, fašizmom a tiež demokraciou, ktorá je dnes považovaná za ideál „slobody". No ako sme dokázali v tejto knihe, stotožňovať demokraciu so slobodou je absolútne zavádzajúce. Klasicko-liberálni myslitelia v minulosti správne spozorovali, že demokracia je v skutočnosti len – celkom dômyselnou – formou socializmu. Časť slobody, ktorá ešte stále prežíva v západných spoločnostiach, tu nie je vďaka demokracii, ale vďaka tradícii klasického liberalizmu, ktorá ešte úplne nezanikla.

Klasicko-liberálna tradícia je ale v súčasnosti pod veľkým tlakom. S každou generáciou, ktorá vyrastá v dennodennej demokratickej propagande, ktorá nás všetkých obklopuje, odumiera časť nášho liberálneho dedičstva. Nikoho už neprekvapuje, keď ženy požadujú kvóty vo vedeniach spoločností, keď Štát zakazuje fajčenie v krčmách, alebo keď vláda rozhodne, čo sa naše deti učia v školách. Nie každý musí s týmito predstavami bezpodmienečne súhlasiť – ale každý považuje za úplne normálne, že Štát by mal o týchto veciach rozhodovať. V podstate ani neprotestujeme voči skutočnosti, že žijeme v systéme, ktorý do našich životov zasahuje aj v tých najmenších detailoch. A takisto niet zásadného odporu voči predstave, že o tom, ako máme všetci žiť, sa musí rozhodovať „demokraticky".

Decentralizácia a osobná sloboda

Je možné nájsť alternatívu k demokracii? Spoločnosť bez dominantného Štátu, bez vlády väčšiny, slobodnú a spolupracujúcu spoločnosť?

Jednoznačne. Ak nechceme uviaznuť a skĺznuť do tyranie a stagnácie, takúto alternatívu potrebujeme bezodkladne. Západný svet potrebuje nový ideál. Ideál, ktorý v sebe spája dynamickosť a osobnú slobodu so sociálnou harmóniou.

Takýto ideál nie je utopický. Môžeme ho dosiahnuť. Prvým potrebným krokom k nemu je obmedzenie roly vlády.

> Prečo nezriadiť trh s vládou, kde vlády musia medzi sebou súperiť a kde sa občania môžu presťahovať pod inú vládnu správu, ak sa tam rozhodnú žiť a pracovať?

Ľudia musia znovu získať kontrolu nad vlastnými životmi a nad plodmi svojej práce. Bez všetečných pravidiel a zdaňovania ľudia zriadia bezpečné, obývateľné a udržateľné komunity. Prečo občania nemôžu použiť svoje vlastné peniaze tak, ako si prajú, a kúpiť si poistenie, zdravotnú starostlivosť a vzdelanie, ktoré si sami vyberú? Aká veľká pohroma by nás postihla, keby sa to udialo? Prečo by mal Štát jednotlivcom brať peniaze prostredníctvom daní a prijímať tieto rozhodnutia za nich? Ľuďom musí byť prinavrátená sloboda, aby mohli rozhodovať sami za seba a aby mohli riešiť svoje vlastné problémy, ako sami uznajú za vhodné – buď individuálne, alebo pravdepodobne častejšie, spoločne. Pretože poriadok a prosperita sú bez spolupráce nemožné. Ale spolupráca môže skutočne fungovať len na dobrovoľnej báze založenej na vzájomnom súhlase.

Ľudia musia znovu nadobudnúť kontrolu nad plodmi svojej práce. Musia mať slobodu, aby si vytvárali vlastné miestne – náboženské, komunistické, kapitalistické, etnické, atď. – komunity. Môžu byť riadené „demokraticky", ak to miestni obyvatelia chcú, alebo nemusia, ak to nechcú.

Trh s vládou

Patri Friedman, vnuk nositeľa Nobelovej ceny Miltona Friedmana, raz povedal: „Vláda je odvetvie s veľmi vysokou bariérou vstupu. Vlastne, aby ste mohli vyskúšať novú formu vlády, musíte vyhrať voľby alebo začať revolúciu."

V oblasti správy vecí verejných existuje skutočne len veľmi malá možnosť výberu a malá miera konkurencie. Ľudia považujú za dôležité, že firmy si navzájom konkurujú. Očakávajú flexibilný a slobodný trh s autami, oblečením alebo poistením s množstvom rozličných dodávateľov. Prečo teda nie aj trh s vládou, na ktorom vlády medzi sebou musia súperiť o občanov, ktorí sa ľahko môžu presťahovať z jedného vládneho územia na iné a žiť a pracovať tam? Ľudia sa v súčasnosti môžu presťahovať do iného mesta, ale keďže väčšina daní a zákonov pochádza z rúk federálnej vlády, nič to nemení. Pre získanie inej formy vlády sú často nútení emigrovať, čo je, samozrejme, ohromná prekážka.

Vieme, že firmy majú sklon k vytváraniu monopolov a kartelov, a to s úmyslom obmedziť konkurenciu. Lenže vlády majú túto tendenciu tiež. Všimnite si koncentráciu moci vo Washingtone alebo Bruseli. Na slobodnom trhu je však vždy možné založiť nové podniky a s existujúcimi monopolmi a kartelmi súperiť. Preto monopoly zvyčajne v súkromnom sektore prežijú len krátko. Keď si majitelia monopolov určia vysoké ceny alebo svoju pozíciu na trhu zneužijú nejakým iným spôsobom, podnecuje to iné firmy, aby na takýto trh vstúpili.

Pri vládnutí takéto súperenie chýba. Ako skutoční monopolisti, politici vo vládnutí nechcú konkurenciu. Vyhovuje im, že o všetkých záležitostiach sa rozhoduje kolektívne, na centrálnej

> Decentralizácia, na rozdiel od národnej demokracie, je systém založený na princípe „ži a nechaj žiť."

úrovni. „Nelegálna imigrácia sa dá vyriešiť len v európskom kontexte," tvrdia nám. Alebo: „S dlhovou krízou sa môžeme popasovať len na medzinárodnej úrovni." Alebo: „Proti terorizmu môžeme bojovať len pomocou silného ústredného vládneho orgánu." Vo svete však existuje množstvo malých krajín, ktoré nie sú členmi nijakých „blokov" a netrpia terorizmom a ani hospodárskymi krízami. Vzdelanie, zdravotná starostlivosť, financie, sociálne poistenie, atď., by tiež údajne mali byť koordinované a regulované minimálne na národnej úrovni. Avšak nie je dôvod, prečo by to tak naozaj malo byť.

Decentralizácia by bola prospešná pre mnohé skupiny v spoločnosti. Progresívni myslitelia môžu s pomocou miestnej autonómie uplatniť svoje progresívne myšlienky v praxi a tí konzervatívni môžu so svojimi hodnotami urobiť to isté, bez toho, aby ostatných nútili prispôsobiť sa. Ľudia, ktorí chcú založiť eko-hippie komunitu, môžu žiť podľa svojich snov. Samozrejme, na svoje vlastné náklady. Náboženská komunita, ktorá chce obchody v nedeľu nechať zatvorené, má takisto právo to urobiť. Princíp jednej veľkosti, čo by vyhovovala všetkým, nie je potrebný ani žiaduci. Decentralizácia, na rozdiel od národnej demokracie, je systém založený na princípe „ži a nechaj žiť". Nech rozkvitne tisíc národov.

Rozmanitosť vo vládnutí znamená, že ľudia sa môžu jednoduchšie rozhodnúť, v akom systéme si prajú žiť. Ak si želajú odlišný spôsob vlády, môžu sa presťahovať do inej obce alebo okresu. Takéto súperenie zaručuje, že vládcovia sú volaní k zodpovednosti, čo sotva platí, keď je občanov vplyv obmedzený na jedno hlasovanie vo voľbách raz za štyri roky. A aj keď sa na iné miesto v skutočnosti presťahuje len pár jednotlivcov, vládcovia budú silne motivovaní zlepšovať svoju politiku.

Ak nie je všetko centrálne stanovené, regióny si môžu vybrať administratívu vyhovujúcu ich vlastným okolnostiam a preferenciám. Nejaká oblasť sa napríklad môže rozhodnúť pre výrazné zníženie daní a regulácie, aby tak stimulovala ekonomickú aktivitu. Americký historik Thomas E. Woods poukazuje na to, že politická sloboda v západnej Európe vznikla práve kvôli triešteniu a odlišnostiam, ktoré v nej historicky vládli. Veľké množstvo malých jurisdikcií umožnilo ľuďom utiecť z miest, kde prevládal útlak, a usadiť sa na liberálnejších územiach. Despotickí vládcovia si preto uvedomili, že musia poskytnúť ľuďom väčšiu slobodu.

Decentralizácia vo Švajčiarsku

Švajčiarsko dlhodobo dokazuje, že decentralizácia môže fungovať výborne. Ľudia si často myslia, že veľkosť a centralizácia prinášajú prosperitu a všemožné druhy iných výhod. Avšak Švajčiarsko, ktoré nie je ani členom EÚ a ani NATO, svedčí o opaku. S takmer 8 miliónmi obyvateľov má táto krajina zhruba takú populáciu ako Virgínia a jej správa je vysoko decentralizovaná. 26 kantónov – krajov – medzi sebou navzájom súperí a všetky požívajú značnú mieru autonómie. Kantóny boli kedysi samostatnými autonómnymi štátmi a niektoré majú menej ako 50 000 obyvateľov. Okrem toho má Švajčiarsko zhruba 2900 mestských samospráv – najmenšia má okolo 30 obyvateľov. V tomto počte značne prevyšuje väčšinu ostatných európskych krajín. Podstatná časť dane z príjmu sa odvádza mestským samosprávam a kantónom, nie federálnej vláde. Samosprávy a kantóny sa v oblasti zdaňovania a regulácie od seba značne líšia, a teda súperia o priazeň občanov a firiem.

Samozrejme, je všeobecne známe, že Švajčiarsko je veľmi úspešnou krajinou. Vedie svetové rebríčky z hľadiska priemernej dĺžky života, zamestnanosti, blahobytu a prosperity. Je jednou z mála krajín sveta, ktoré už viac ako jedno storočie nezažili vojnu. Napriek existencii štyroch jazykov (nemčina, francúzština, taliančina a rétorománčina) v ňom panuje vysoká miera sociálnej harmónie, čo je v príkrom kontraste so situáciou v Belgicku, v ktorom neustále hrozí, že kolidujúce záujmy holandsky hovoriacich Flámov a francúzsky hovoriacich Valónov rozdelia krajinu. Zatiaľ čo Flámovia sa sťažujú, že musia platiť za menej majetných Valónov, Švajčiari vďaka decentralizovanému systému takéto trenice nezažívajú.

Švajčiarsko je, samozrejme, demokraciou, ale táto krajina má tak veľa a tak malých demokratických celkov, že sa dokáže vyhnúť mnohým negatívnym vplyvom národnej parlamentnej demokracie.

Švajčiarsko tiež dokazuje, ako možnosť odčlenenia sa znižuje napätie. V sedemdesiatych rokoch dvadsiateho storočia sa francúzsky hovoriaci obyvatelia kantónu Bern necítili byť riadne zastúpení v prevažne nemecky hovoriacej oblasti, v ktorej žijú. V roku 1979 sa preto francúzsky hovoriace komunity odtrhli a vytvorili kantón Jura. Spory medzi rozličnými etnickými a jazykovými skupinami sa týmto spôsobom mierovo riešili po celé stáročia. Keďže švajčiarske kantóny a komunity sú malé, ľudia nielenže môžu vyjadriť svoj vlastný názor prostredníctvom hlasovacích urien, ale majú aj možnosť sa presťahovať, ak sú nespokojní s vládou. Zlá politika je takto vytláčaná dobrou politikou.

To neznamená, že obhajujeme švajčiarsky model ako ideál alebo ako jedinú možnosť. Ale je to príklad, ktorý znázorňuje, ako decentralizovaná správa môže fungovať a viesť k nižším daniam a väčšej osobnej slobode. Netvrdíme ani, že demokracia je nevyhnutne dobrý systém, ak funguje v malej miere. Demokracia s troma ľuďmi je stále nesprávna, ak z nej nikto nemôže uniknúť. V takom prípade môže mať tie isté negatívne dôsledky ako demokracia s 10 miliónmi občanov.

Dôležité je, že ľudia môžu sami určiť, aké veľké sú správne celky, v ktorých chcú žiť, a akú majú formu vlády. Nemusí to byť demokracia. Lichtenštajnsko (160 km2), Monako (2 km2), Dubaj, Hongkong (1100 km2) a Singapur (710 km2) nie sú parlamentnými demokraciami, ale sú úspešné. Tieto krajiny dokazujú, že často „small is beautiful" (malé je krásne).

Niekto by sa mohol domnievať, že právo na odčlenenie sa a samosprávu vedie ku konfliktom. Ale tak to nie je. Uvedomte si, ako funguje slobodný trh. Každý má právo začať podnikať. A napriek tomu je väčšina ľudí zamestnaná vo firmách. Takáto spolupráca prináša osoh všetkým zúčastneným. To isté platí o krajinách. Ľudia si môžu vybrať nezávislosť, ale väčšina bude mať záujem pridať sa k nejakej spoločnosti. A rôzne komunity budú mať taktiež záujem medzi sebou spolupracovať. Áno, úspory z rozsahu (úspory z výroby vo veľkom) môžu znížiť náklady, ale v akom rozsahu sa tak stane, sa dá určiť, len ak sa ľudia môžu slobodne rozhodnúť.

Odčlenenie sa nemusí bezpodmienečne viesť aj k celkovej samosprávnej autonómii. Akákoľvek forma decentralizácie,

95

na základe ktorej sa určité povinnosti prenesú z ústrednej vlády na lokálne vlády, by sa mohla označiť ako politické odčlenenie. Mohla by to byť príťažlivá (prechodná) fáza medzi úplným odtrhnutím sa a súčasnou situáciou.

Ako by to mohlo fungovať, to možno vidieť na príklade tzv. špeciálnych ekonomických zón, akou je napríklad Shenzhen, ktoré čínska vláda zriadila v osemdesiatych a deväťdesiatych rokoch minulého storočia. Na tieto regióny sa vzťahovala malá miera regulácie, bol v nich povolený istý objem zahraničných investícií a vydláždili cestu k väčšej slobode vo zvyšku Číny. Dubaj tiež zriadil takéto zóny slobodného obchodu a platí v nich len niekoľko obchodných a pracovnoprávnych predpisov a nariadení. Tieto slobodné hospodárske zóny by mohli slúžiť ako vzor pre slobodné politické zóny, v ktorých by ľudia mohli experimentovať s rôznymi formami vlády.

Zmluvná spoločnosť

Ľudia si často myslia, že ak Štát niečo nezadováži (financie na operu alebo starostlivosť o starších ľudí), tak sa to ani neuskutoční. Ale toto je mentalita ľudí v bývalom Sovietskom zväze, ktorí si hovorili: „Čo by s nami bolo, ak by sa Štát o nás prestal starať?" Keď americký ekonóm Milton Friedman navštívil komunistickú Čínu, vládni úradníci sa ho spýtali, kto je americkým ministrom prírodných zdrojov. Keď im odpovedal, že v USA taká osoba neexistuje, hľadeli naňho s úžasom. Nevedeli si predstaviť, že produkcia a distribúcia nerastných surovín by mohla byť možná bez dozoru vlády.

V minulosti si ľudia nevedeli predstaviť, ako by vyzeral život bez kráľa. Od kráľa sa očakávalo, že sa postará o svojich poddaných. Dnes sa rovnakým spôsobom pozeráme na Štát a demokraciu. Ľudia si už nevedia predstaviť, že občania – pred nástupom demokracie – akceptovali autoritu kráľa. No napodiv autoritu väčšiny prijímajú bez reptania.

A predsa každý deň všade navôkol vidíme samoorganizáciu bez akéhokoľvek nátlaku alebo kontroly zhora. Často v rozpore s očakávaniami. Nikto si nemyslel, že niečo tak anarchistické ako Wikipédia, internetová encyklopédia, môže byť úspešné bez centrálneho riadenia. Ale funguje to. Celý internet je súbor nespočetných samostatných organizácií, jednotlivcov a technológií, ktoré spolupracujú bez ústredného manažmentu. Spočiatku mnohí nemohli uveriť, že internet, celosvetová sieť, nemá majiteľa, že je založený na individuálnych dobrovoľných dohodách medzi tisíckami organizácií (poskytovateľmi internetových služieb, spoločnosťami, inštitúciami), pričom každá z nich riadi len malý zlomok tejto siete.

> Ľudia si dnes nevedia predstaviť, že občania – pred nástupom demokracie – akceptovali autoritu kráľa. No napodiv autoritu väčšiny prijímajú bez reptania.

Naša ideálna a slobodná spoločnosť by vlastne bola podobná modelu, na ktorom je založený internet. Pre internet platí len niekoľko jednoduchých pravidiel; na zvyšku sa môžu podieľať všetci podľa toho, ako uznajú za vhodné. Hlavným pravidlom je komunikácia prostredníctvom internetového protokolu TCP/IP. Na tomto princípe môžu milióny firiem, organizácií a jednotlivcov slobodne presadzovať svoje zámery – zakladať vlastné domény, ponúkať služby a dorozumievať sa tak, ako uznajú za vhodné. Ľudia môžu okrem TCP/IP vytvoriť aj nové protokoly a zistiť, či ich ostatní budú akceptovať. Môžu ponúknuť nové služby a skúsiť získať zákazníkov. Rozmanitosť, sloboda a samoorganizácia na internete sa osvedčili a fungujú prekvapivo dobre.

97

Obdobne, hlavným pravidlom v slobodnej spoločnosti je nespáchať podvod, násilie a krádež. Pokiaľ sa ľudia budú tohto pravidla držať, môžu ponúkať akékoľvek služby, vrátane tých, ktoré dnes považujeme za „verejné".

Slobodná spoločnosť by bola podobná modelu, na ktorom je založený internet. Pre internet platí len niekoľko jednoduchých pravidiel; na zvyšku sa môžu podieľať všetci podľa toho, ako uznajú vhodné.

Taktiež môžu podľa ľubovôle zakladať vlastné komunity – monarchistické, komunistické, konzervatívne, náboženské alebo dokonca autoritárske, pokiaľ sa do nich ich „zákazníci" pridajú dobrovoľne a pokiaľ nechajú ostatné spoločenstvá na pokoji. A takéto komunity môžu byť malé a mať desať členov alebo veľké a mať až milión členov (napr. súkromná spoločnosť Walmart má dva milióny zamestnancov).

Ak existuje veľké množstvo rozmanitých samosprávnych celkov, ľudia nespokojní so stavom vecí verejných sa môžu kedykoľvek presťahovať a vládcovia to dobre vedia. Ich obyvatelia nie sú len občania, ktorí môžu príležitostne voliť, ale aj zákazníci, ktorým, aby si ich udržali, musia dobre slúžiť. Trh funguje rovnako. Ak sa zákazníkom nepáči ponuka nejakej pekárne, neorganizujú protesty, aby ovplyvnili jej majiteľa, ale jednoducho idú do inej.

Malé spoločnosti sú založené skôr na jasných dohodách ako na vplyve prostredníctvom hlasovacej urny. V USA a iných demokratických krajinách občan nemá s vládou uzatvorenú zmluvu, ktorá by presne vymedzila ich vzájomné záväzky, napr. čo vláda zabezpečí a za akú cenu. Zoberme si oblasti ako dôchodky, zdravotná starostlivosť, vzdelanie, štátna podpora, zákonník práce, atď. Občania majú nejasnú a bližšie nedefinovanú povinnosť platiť dane a dodržiavať zákon, zatiaľ čo vláda má neurčitú úlohu poskytovať služby. A vláda môže bez ohľadu na výsledky volieb tieto pravidlá kedykoľvek zmeniť. Vyvoláva to značnú mieru právnej neistoty. Roky ste mohli prispievať do systému dôchodkového zabezpečenia a očakávať, že na dôchodku budete poberať určité dávky. Avšak vláda môže ich výšku zmeniť škrtom pera. Alebo si prenajímate nehnuteľnosť domnievajúc sa, že nájomnú zmluvu bude možné v určitom čase vypovedať, keď sa vláda znenazdania rozhodne, že na zákonom stanovenú dĺžku prenájmu sa budú vzťahovať iné podmienky.

Slušná spoločnosť by mala byť založená na zmluvách a rešpektovať práva všetkých strán tak, aby všetci presne vedeli, na čom sú. Na zmluvách, vďaka ktorým mocní nemenia pravidlá počas hry. A tie zmluvy nemusia byť rovnaké pre všetkých. Rôzni občania by mohli mať rôzne zmluvy, v závislosti od oblasti, v ktorej žijú alebo pracujú, presne tak ako v prípade zamestnancov firiem.

V USA a iných demokratických krajinách občan neuzatvára s vládou zmluvu, ktorá by presne vymedzila ich vzájomné záväzky, napr. čo vláda zabezpečí a za akú cenu.

Cesta k slobode

Ak je technologický pokrok predzvesťou vývoja v budúcnosti, tak vyhliadky na decentralizáciu sú nádejné. Technologický vynález ako napríklad auto ľudí oslobodil, čo sa týka mobility. Vynájdenie antikoncepcie dalo ľuďom viac sexuálnej slobody a ženám väčšiu kontrolu nad vlastným životom. Príchod internetu uvoľnil pevné zovretie médií v rukách vládnucej elity. Teraz môže každý

Teraz môže každý zverejňovať správy, posielať myšlienky do sveta alebo na internete začať predávať výrobky.

Technológia je skutočná demokratizačná sila, väčšia ako samotný demokratický systém. Zatiaľ čo demokracia umožňuje väčšine, aby vládla nad menšinou, technológia skôr ponúka jednotlivcom moc nad ich vlastnými životmi. Demokracia jednotlivcom moc berie, technológia im ju dáva. Je to decentralizačná sila, ktorá činí prostredníka, vládu, prebytočnou v oblastiach ako komunikácia, financie, vzdelanie, médiá a obchod. A keďže slobodný trh tlačí ceny technológií stále nadol, dáva aj tým najchudobnejším ľuďom istú dávku kontroly nad ich vlastným osudom. Milióny ľudí sa dnes dokonca aj v Afrike chytajú nových príležitostí, nie vďaka rozvojovej pomoci, ale vďaka počítačom a mobilným telefónom, ktoré sú čoraz lacnejšie.

V minulom storočí tak ľudstvo nezažilo veľkú mieru pokroku kvôli demokracii, ale vďaka technológiám a súkromnému podnikaniu. Spotrebiče ako iPhone, walkman a osobný počítač priblížili moderné technologické možnosti na dosah jednotlivca a prispeli k jeho emancipácii. Prostredníctvom služieb ako Facebook si jednotlivci môžu vybrať, do akého spoločenského kontextu chcú patriť, a to dokonca aj naprieč štátnymi hranicami a bez zasahovania vlády. Navyše vývoj angličtiny ako svetového jazyka a možnosť lacno cestovať urobili svet „menším" a uľahčili presťahovanie sa do iných krajín.

Toto všetko naznačuje, že konkurencia v oblasti vládnutia by mohla fungovať veľmi dobre. Ľudia si stále častejšie vyberajú, kde chcú pracovať a žiť, a pod akou formou vlády. Milióny

> Technológia je skutočná demokratizačná sila, väčšia ako samotný demokratický systém.

ľudí žijú alebo pracujú v zahraničí. Svet s množstvom malých vládnych celkov, každý s charakteristickými črtami, by bol v súlade s týmto vývojom. Ak by to pre ne bolo prospešné, jednotlivé malé územia by sa v určitých oblastiach mohli rozhodnúť pre spoluprácu, napr. v energetike, imigrácii a doprave. Tiež by mohli spolupracovať v oblasti obrany, ktorá by mohla zohrať dôležitú úlohu v prípade vzniku Veľkého Štátu, ktorý by si zaumienil zlikvidovať menšie spoločenstvá. Ekonomicky úspešné a inovatívne komunity by veľmi pravdepodobne našli šikovné spôsoby, ako sa ubrániť takémuto druhu agresie.

Nová technológia dokonca umožňuje vytváranie úplne nových krajín. Organizácia Seasteading, ktorej spoluzakladateľom je už spomínaný Patri Friedman, sa pokúša vybudovať umelé ostrovy v medzinárodných moriach. Tieto ostrovy môžu poskytnúť alternatívu k existujúcim formám vlády.

Dosiahnutie skutočnej decentralizácie vyžaduje radikálne zmeny v našom súčasnom politickom systéme. Ich uskutočnenie však nie je také náročné, ako by sa mohlo zdať. Veľké vládne organizácie môžu byť odstránené. Ministerstvá školstva, zdravotníctva, sociálnych vecí, hospodárstva, pôdohospodárstva, zahraničných vecí, pre rozvojovú pomoc a financií sa môžu zrušiť. Spoločnosť potrebuje len základné verejné služby pre zabezpečenie práva a poriadku a ochranu životného prostredia.

Sociálny štát sa môže zmeniť na systém súkromných poisťovní. Občanom to prinesie slobodu a bezpečnosť. Poistenie si budú môcť uzatvoriť individuálne alebo spoločne – prostredníctvom odborových organizácií alebo firiem, pre ktoré pracujú. Verejné poistenie, ako ho poznáme, je predmetom neustálych svojvoľných zmien zo strany vlády. Istota, ktorú Štát sľubuje, je falošná a podlieha politickým vrtochom. Toto musí prestať. Starostlivosť o chudobných a ľudí v núdzi môže byť poskytovaná lokálne. Štátna kontrola nášho finančného systému by mala byť zrušená, aby vlády už neznižovali hodnotu našich peňazí a nezapríčiňovali obdobia extrémne prudkých rastov a následných kríz. Takouto cestou by bol vytvorený spravodlivý medzinárodný finančný trh, ktorý by už nebol manipulovaný mocnými vládami a finančnými inštitúciami, ktoré sú na ne naviazané.

V skratke, veľký demokratický národný Štát musí uvoľniť priestor pre menšie politické celky, v ktorých sa samotní občania rozhodnú, ako chcú formovať svoju spoločnosť. Vždy, keď je to možné, by sa o záležitostiach malo rozhodovať na čo najnižšej možnej správnej úrovni.

Ak to znamená koniec Európskej únie, o to lepšie. Politici v Európe s obľubou kreslia katastrofické scenáre o tom, čo by sa stalo, keby sa Európska únia rozpadla. Ale krajiny ako Nórsko a Švajčiarsko nikdy neboli členmi EÚ a na vlastnú päsť sa im darí veľmi dobre.

Niekedy sa namieta, že EÚ zabezpečuje slobodný obchod medzi európskymi krajinami. Bolo by v poriadku, keby robila len to, lenže EÚ robí oveľa viac. „Vnútorný trh" vytvorený Bruselom nemá nič spoločné s ekonomickou slobodou. Opak je pravdou. Z európskych inštitúcií sa prakticky rinú zákony a nariadenia, ktoré ekonomickú slobodu obmedzujú. EÚ je Superštát vo výstavbe, ktorý zničí slobodu občanov a takisto aj firiem. Predstavuje presný opak decentralizácie – je to stelesnenie centralizácie, neuskutočniteľného byrokratického molocha, v ktorom je osobná sloboda ešte ohrozenejšia ako v národnej demokracii. Čím skôr bude zrušená, tým lepšie.

Sľubná budúcnosť

Budúcnosť vyzerá v mnohých ohľadoch nádejne. Ľudstvo nahromadilo ohromné znalosti a obrovskú výrobnú kapacitu - viac než dosť na zabezpečenie prosperity pre každého na svete.

Navyše, po páde krvavých komunistických a fašistických režimov 20. storočia, aké boli v Sovietskom zväze, Číne a iných krajinách, vo svete prevláda trend liberalizácie. Veľké skupiny ľudí získali viac osobných a ekonomických slobôd, čo vedie k väčšej prosperite a blahobytu. Iné skupiny ľudí povstávajú proti diktatúram a dožadujú sa väčšej slobody. Niet dôvodu, prečo by tento trend nemal pokračovať.

Predstava o živote bez Demokratického Národného Štátu môže byť náročná, ale v minulosti sa udiali podobné radikálne zmeny. Ako Linda a Morris Tannehillovci napísali v ich klasickom libertariánskom, antidemokratickom diele *The Market for Liberty* (1970): „Predstavte si feudálneho nevoľníka, právne viazaného k pôde, na ktorej sa narodil a k spoločenskému postaveniu, ktoré mu odjakživa prislúcha, ako sa od úsvitu do súmraku morí s primitívnymi nástrojmi kvôli holému živobytiu, o ktoré sa musí deliť s pánom svojho panstva, a ktorého duševné procesy sú podmienené strachom a poverčivosťou. Predstavte si, že tomuto nevoľníkovi sa snažíte vysvetliť spoločenské zriadenie v USA v 20. storočí. Asi by ste ho len ťažko presvedčili, že by také spoločenské zriadenie mohlo vôbec existovať, pretože na všetko, čo by ste mu opísali, by sa pozeral z kontextu jeho vlastných vedomostí o spoločnosti. Oznámil by vám, zaiste so známkami nadutej povýšenosti, že pokiaľ by každý jedinec narodený v komunite nemal pevne stanovené a nemenné spoločenské postavenie, spoločnosť by sa veľmi rýchlo zmietala v chaose. Podobne, povedať človeku dvadsiateho storočia, že vláda je zlá a preto nepotrebná a že naša spoločnosť by bola oveľa lepšia, keby sme nemali vôbec žiadnu vládu, pravdepodobne vyvolá zdvorilý skepticizmus ... najmä, ak tento človek nie je zvyknutý premýšľať samostatne. Predstaviť si fungovanie spoločnosti odlišnej od tej vlastnej je vždy náročné, obzvlášť, ak ide o spoločnosť vyspelejšiu. A to preto, že na vlastné spoločenské zriadenie sme zvyknutí do takej miery, že o každom aspekte vyspelejšej spoločnosti automaticky uvažujeme v kontexte tej vlastnej a svoje predstavy takto prekrúcame na nezmyselnosť."

Sme presvedčení, že národný štát a demokracia, ktorá je jeho súčasťou, sú fenoménmi 20., a nie 21. storočia. Cesta k nezávislosti a oslobodeniu bude pokračovať, ale nepovedie cez veľké demokracie. Bude viesť cez decentralizáciu a organizáciu ľudí v menších samosprávnych celkoch, ktoré si sami vytvoria.

Niekto by mohol namietať, že väčšina ľudí nie je schopná žiť slobodne, že nie sú dostatočne zodpovední alebo netúžia viesť nezávislé životy. Že by sa im malo vládnuť pre ich vlastné dobro. Ale toto je ten istý argument, ktorý bol použitý proti zrušeniu otroctva alebo emancipácii žien. Otroctvo by sa nemalo rušiť, argumentovalo sa, pretože černosi by sa o seba nevedeli postarať – a tak či onak, väčšina z nich by ani nechcela byť slobodnými. Ženy by nemali mať rovnocenné práva, hovorilo sa, pretože si nevedia zabezpečiť vlastný príjem a vysporiadať sa s nárokmi nezávislého života. Ale skutočnosť dokazuje opak. Výsledok bude rovnaký, ak zrušíme demokratický Pestúnsky Štát. Keď ľudia dostanú šancu, stanú sa prekvapivo sebestačnými. Samozrejme, nerozhodnú sa žiť individualisticky, ale zorganizujú sa sami v skupinách podľa vlastného výberu: vo firmách, kluboch, odboroch, asociáciách, osobitných záujmových skupinách, komunitách a rodinách.

Keď budú zbavení otupujúcej nadvlády byrokracie a demokratickej vlády väčšiny, zmenia svet spôsobmi, ktoré sa teraz nedajú predvídať. Linda a Morris Tannehillovci načrtli možnú budúcnosť takto: „Množstvo nežiaducich okolností, ktoré dnes ľudia berú ako samozrejmosť, by sa zmenilo k lepšiemu v spoločnosti úplne oslobodenej od vlády. Väčšina týchto rozdielov by pramenila z trhu oslobodeného od mŕtvej ruky vládnej kontroly – oboch fašistickej aj socialistickej – a teda schopného vyprodukovať zdravé hospodárstvo a výrazne vyššiu životnú úroveň pre všetkých".

Je čas, aby sa ľudia prebudili do skutočnosti, že demokracia nevedie k slobode a ani k nezávislosti. Nerieši spory a nepodnecuje produktívne a ani kreatívne sily. Práve naopak. Demokracia plodí nevraživosť a obmedzenia. Zatiaľ čo centralistické a nátlakové aspekty demokracie vedú k organizovanému chaosu, osobná sloboda a dynamickosť neorganizovaného trhu so sebou prinášajú spontánny poriadok a prosperitu.

> Ľudia uprednostňujú slobodu pred nátlakom. Uprednostňujú vlastnú bezprostrednú voľbu na slobodnom trhu pred bezvýznamným naznačením preferencie v hlasovacej urne.

Ľudia pre samých seba uprednostňujú slobodu pred nátlakom. Uprednostňujú vlastnú bezprostrednú voľbu na slobodnom trhu pred bezvýznamným naznačením preferencie v hlasovacej urne. Existuje snáď niekto, kto by bol radšej, keby mu auto vybrala vláda namiesto toho, aby si ho mohol vybrať sám?

Je najvyšší čas, aby si ľudia uvedomili, že sloboda, ktorú si želajú pre seba, musí byť poskytnutá všetkým. Že ich sloboda nemôže pretrvať, ak tú istú slobodu nemajú aj ostatní. Že nakoniec sa aj oni sami stanú obeťami toho istého nátlaku, ktorý – demokraticky – vyvíjajú na ostatných. Spadnú do svojej vlastnej pasce.

Hnutie za menej demokracie a viac slobody môže pôsobiť

zastrašujúco. Všetci sme vyrástli v národnodemokratických štátoch a boli sme donekonečna vystavovaní sociálno-demokratickým myšlienkam. Naučili nás, že náš svet je „najlepší z možných svetov."

No realita nie je taká lákavá. Je čas jej čeliť. Vláda nie je dobročinný Ježiško. Je to sebecké, do všetkého sa miešajúce monštrum, ktoré sa nedá uspokojiť a nakoniec udupe nezávislosť a samostatnosť svojich poddaných. A toto monštrum je udržiavané vďaka demokracii: myšlienke, že život každej ľudskej bytosti má byť riadený väčšinou.

Je čas sa zriecť predstavy, že Ľud – a teda Štát – má právo vládnuť. Že sa budeme mať lepšie, ak vláda namiesto nás určí, ako máme žiť a použiť svoje peniaze. Že demokratická ideológia jednej veľkosti pre všetkých prinesie harmóniu a prosperitu. Že z demokratického donucovania máme úžitok.

Je čas, aby sme sa vyslobodili z tyranie väčšiny. Nemáme čo stratiť, len okovy, ktoré nás pripútavajú jedného k druhému.

Doslov

Libertarianizmus a demokracia

Naša kritika demokracie bola napísaná z perspektívy libertarianizmu. Libertarianizmus je politická filozofia založená na vlastníctve seba samého, teda na práve každého jednotlivca na svoje telo a svoj život, a preto aj plody svojej práce. Alternatívou k vlastnej autonómii je, že niektorí ľudia vládnu nad životmi a plodmi práce iných (alebo – ale toto je veľmi nerealistické – že každý vládne každému). Podľa libertarianizmu je takýto stav nespravodlivý. Libertarianizmus je založený na princípe, podľa ktorého jednotlivci nemajú žiadnu povinnosť obetovať sa pre kolektív, čo platí v prípade socializmu, fašizmu a demokracie.

Osobná sloboda (vlastnenie seba samého) pre libertariánov neznamená „právo" na prácu, vzdelanie, zdravotnú starostlivosť, bývanie alebo nejaký iný úžitok, pretože z takýchto „práv" vyplýva pre ostatných povinnosť ich zaobstarať. Ak je človek prinútený obetovať sa pre ostatných, nejde o slobodu, ale o otroctvo. Sloboda znamená, že každý má právo si so svojím životom a majetkom robiť čokoľvek chce, pod podmienkou, že tým nenarušuje životy a majetok ostatných. Libertariáni sú v skratke proti iniciácii fyzického násilia.

Prvoradým zámerom libertariánskeho systému spravodlivosti je ochrana jednotlivca pred všetkými formami násilia. Libertariáni sú zástancami všetkých slobôd vyplývajúcich z princípu osobnej autonómie. Sme napríklad za slobodu vyznania, slobodu eutanázie, legalizáciu drog, slobodu slova, atď. Tiež sme za právo ľudí združovať sa, spolupracovať a slobodne obchodovať, teda za slobodný trh.

Sme presvedčení, že jednotlivci a skupiny majú právo vytvoriť si vlastné pravidlá ohľadom zaobchádzania so svojím majetkom. Rovnako ako sa každý sám rozhoduje, koho pozve k sebe domov, majiteľ krčmy by mal mať možnosť sa sám rozhodnúť, či je v jeho podniku povolené fajčiť a zamestnávateľ by mal mať možnosť vo vlastnej firme rozhodovať o pravidlách obliekania. Každý môže neísť do krčmy alebo nepracovať pre firmu, ak nesúhlasí s pravidlami, ktoré sa na ne vzťahujú.

Z tohto dôvodu je libertarianizmus proti antidiskriminačným zákonom. Tieto zákony sú nezlučiteľné s právom slobodne sa združovať. Vláda nariaďuje: *„Združíte sa! Či sa vám to páči alebo nie.“* Libertarianizmus je naopak založený na slobode voľby; všetky vzťahy a transakcie by mali byť dobrovoľné.

Diskriminácia znamená: rozdielne zaobchádzanie. Samozrejme, je smiešne nechcieť sa stýkať s gejmi, židmi, Nemcami alebo kýmkoľvek iným, ale princíp slobody znamená, že nikto svoje rozhodnutia nemusí odôvodňovať, a to bez ohľadu na to, aké sú absurdné. Nepotrebujete mať dobrý dôvod niečo nerobiť. Libertarianizmus obhajuje právo jednotlivcov veci robiť alebo nerobiť, čo môže byť pre niektorých ľudí nepríjemné. Presne tak ako sloboda slova znamená, že každý má právo vyjadriť svoj názor, aj keď s ním ostatní nesúhlasia. Jedinou povinnosťou ľudí je zdržať sa použitia násilia voči iným.

Antidiskriminačné zákony sú v skutočnosti formou násilia, pretože nútia ľudí združovať sa s ostatnými proti ich vlastnej vôli. Mali by sme nútiť staršie dámy prechádzať temným uličkami, v ktorých sa potĺka agresívna mládež? Mali by sme ľudí nútiť chodiť s osobami, ktoré nepovažujú za príťažlivé? Samozrejme, že nie. Ale potom akým právom vláda núti zamestnávateľov zamestnať zamestnancov, ktorých zamestnať nechcú? A akým právom vláda núti majiteľov nočných klubov tolerovať zákazníkov, ktorých si neželajú? Ako libertariáni veríme, že takéto formy násilia sú nielen nesprávne, ale aj kontraproduktívne. Skôr ako k harmónii a tolerancii vedú k nenávisti a konfliktom.

Libertarianizmus nie je ani „ľavicový", ani „pravicový", a ani progresívny alebo konzervatívny. Progresivisti uprednostňujú vládne zásahy v hospodárstve, ale (niekedy) sú ochotní umožniť určitú mieru osobných slobôd. Konzervatívci dávajú prednosť vládnym zásahom do osobnej slobody, ale (niekedy) povolia istú mieru ekonomických slobôd. Lenže oba tábory majú spoločné to, že jednotlivca považujú za poddaného Štátu, kolektívu. Libertarianizmus je jedinou politickou teóriou presadzujúcou myšlienku, že kolektív *nemá* právo vládnuť jednotlivcovi. Libertarianizmus je jedinou politickou teóriou, ktorá je v princípe proti *iniciácii násilia*, teda použitiu sily vo všetkých prípadoch okrem sebaobrany. Na základe tohto princípu je libertarianizmus tiež proti kolonializmu, imperializmu a zahraničným intervenciám.

Libertarianizmus nie je módnou filozofiou; je založený na odvekej tradícii. Myšlienky slávnych liberálnych mysliteľov 18. a 19. storočia boli veľmi blízke libertariánskemu ideálu. Dnes ich filozofiu označujeme ako „klasický liberalizmus", čím ju odlišujeme od súčasného „liberalizmu", ktorý v skutočnosti nie je filozofiou slobody, ale formou sociálnej demokracie. Libertarianizmus bol v 19. storočí obhajovaný mnohými „anarcho-kapitalistami" a taktiež skupinou klasicko-liberálnych ekonómov, predovšetkým z Rakúska. Súčasným akademickým centrom libertarianizmu v USA je Mises Institute, pomenovaný po významnom rakúskom ekonómovi a obhajcovi slobodného trhu, Ludwigovi von Mises. V roku 1974 dostal Friederich Hayek, Misesov študent, Nobelovu cenu za ekonómiu. Americký ekonóm a všestranne nadaný intelektulál Murray Rothbard, ďalší študent Misesa, bol najslávnejším libertariánskym mysliteľom 20. storočia. Jeho kniha *For a New Liberty* je pravdepodobne najlepším úvodom do libertarianizmu k dispozícii.

Avšak Mises ani Rothbard nikdy nevypracovali dôkladnú analýzu fenoménu demokracie. Hans-Hermann Hoppe, nemecký ekonóm žijúci a pracujúci v USA, je prvým libertariánskym mysliteľom, ktorý sa touto témou zaoberal. Jeho kniha *Demokracia: boh, ktorý zlyhal* (2001) je v súčasnosti považovaná za štandardnú libertariánsku prácu v tejto oblasti.

V posledných rokoch, čiastočne vďaka Hoppeho činnosti, čoraz viac libertariánskych spisovateľov venuje pozornosť myšlienke demokracie, ale väčšina ich kritických prác je dostupná len v článkoch zverejnených v rôznych periodikách a na libertariánskych stránkach, akou je Mises.org. Pokiaľ vieme, žiadna plnohodnotná libertariánska kritika demokracie určená pre širokú verejnosť nebola doteraz publikovaná. Veríme, že touto knihou sme túto medzeru vyplnili.

Ak o tejto knihe chcete vedieť viac, navštívte našu stránku **www.beyonddemocracy.net**. V Holandsku môžete viacej informácii o libertarianizme získať na stránke autora Franka Karstena v holandskom jazyku: **www.meervrijheid.nl.**

Niekoľko citátov o demokracii

„Demokracia je vtedy, keď dvaja vlci a jedno jahňa hlasujú, čo bude na večeru. Sloboda je, keď dobre ozbrojené jahňa odmieta hlasovať."
Benjamin Franklin, štátnik, vedec, filozof a jeden z otcov zakladateľov Spojených štátov amerických

„Demokracia nikdy netrvá príliš dlho. Zakrátko sa vyplytvá, vyčerpá a zavraždí samú seba. Nikdy neexistovala demokracia, ktorá by nespáchala samovraždu."
John Adams, druhý prezident Spojených štátov amerických

„Demokracia nie je nič iné než vláda davu, kde 51% ľudu môže odobrať práva ostatným 49%".
Thomas Jefferson, tretí prezident Spojených štátov amerických

„Veríme, že socializmus a demokracia predstavujú jednu nedeliteľnú vec."
Socialistická strana USA

„Všetky voľby sú akýmsi druhom predbežnej dražby ukradnutých vecí."
H. L. Mencken (1880-1956), americký novinár a esejista

„Ako máme zaručiť trvalý pokrok, keď si čoraz viac osvojujeme životný štýl, kvôli ktorému nikto nie je ochotný za seba prevziať zodpovednosť a každý hľadá bezpečie v kolektivizme? Ak táto mánia bude pokračovať, naša spoločnosť sa zvrhne na spoločenský systém, v ktorom každý bude mať svoju ruku vo vrecku niekoho iného."
Ludwig Erhard, bývalý nemecký kancelár a architekt nemeckého povojnového ekonomického zázraku

„Neobmedzená demokracia, rovnako ako oligarchia, je len tyrania veľkého množstva ľudí."
Aristoteles

„Vláda je veľkou fikciou, prostredníctvom ktorej sa každý usiluje žiť na úkor všetkých ostatných."
Frédéric Bastiat (1801-1850), francúzsky klasicko-liberálny teoretik a politický ekonóm

„Keď ľudia prídu na to, že si môžu odvoliť peniaze, bude to predzvesťou konca republiky."
Benjamin Franklin, štátnik, vedec, filozof a jeden z otcov zakladateľov Spojených štátov amerických

„Tí, ktorí sa dožadujú väčšieho zasahovania zo strany vlády, sa v skutočnosti dožadujú väčšieho nátlaku a menej slobody."
Ludwig von Mises, rakúsky ekonóm a významný obhajca slobodného trhu

„Nikoho život, sloboda a majetok nie sú v bezpečí počas zasadania zákonodarného zboru."
Mark Twain (1835-1910), americký spisovateľ

„Demokracia je vôľa ľudu. Každé ráno s prekvapením v novinách čítam, čo vlastne chcem."
Wim Kan, holandský komik

www.ingramcontent.com/pod-product-compliance
Lightning Source LLC
Chambersburg PA
CBHW050459290526
45786CB00006B/2351